COLEÇÃO PENSAMENTOS E TEXTOS DE SABEDORIA

A ESSÊNCIA DO OTIMISMO

A ESSÊNCIA DA SABEDORIA DOS GRANDES GÊNIOS DE TODOS OS TEMPOS

MARTIN CLARET

Créditos

IDEALIZAÇÃO E REALIZAÇÃO
Martin Claret

CAPA
Os Guarda-Chuvas (1881/86),
Pierre-Auguste Renoir
(Ver pág. 125)

MIOLO
Revisão
Elizabete F. da Silva

Direção de Arte
José Duarte T. de Castro

Digitação
Conceição A. Gatti Leonardo

Editoração Eletrônica
Editora Martin Claret

Fotolitos da Capa
OESP

Papel
Off-Set, 75g/m²

Impressão e Acabamento
Paulus Gráfica

EDITORA MARTIN CLARET
R. Alegrete, 62 – Bairro Sumaré – São Paulo-SP
CEP 01254-010 - Tel.: (11) 3672-8144 – Fax: (11) 3673-7146
www.martinclaret.com.br

Agradecemos a todos os nossos amigos e colaboradores — pessoas físicas e jurídicas — que deram as condições para que fosse possível a publicação deste livro.

Este livro foi impresso no verão de 2002.

Seja profeta de si mesmo

Martin Claret

"A função derradeira das profecias não é a de predizer o futuro, mas a de construí-lo."

Somos criaturas programáveis

*Caro leitor: não é por acaso que você está lendo este livro-*clipping. *Nada acontece por acaso. Tudo acontece por uma causa.*

Possivelmente a causa de você o estar lendo seja a sua vontade de obter mais informações ou expandir a sua consciência. A causa, também, pode ser a força da minha mentalização.

Cientistas, antropólogos, psicólogos e educadores têm afirmado que o ser humano é uma criatura culturalmente programada e programável.

Eis aí uma grande verdade.

Seu *hardware* e seu *software*

Nosso cérebro e nosso sistema nervoso — o nosso hardware *(a máquina) — é mais ou menos igual em todas as pessoas. A grande diferença que faz a diferença é o que está gravado ou programado no cérebro, isto é, o nosso* software *(o programa).*

Explicando de uma maneira extremamente simplificada, você tem três tipos de programação: 1ª- a programação genética (o instinto); 2ª- a programação sócio-cultural (família, amigos, escola, trabalho, líderes espirituais e políticos, livros, cinema, TVs, etc.); 3ª- a autoprogramação ou a programação feita por você em você mesmo.

Na primeira programação você não tem nenhum controle; na segunda, tem controle parcial; e na terceira programação você tem controle total.

É fundamental que você saiba, conscientemente, controlar o terceiro tipo de programação, ou seja, a autoprogramação.

Um método de autoprogramação humana

*Todos os livros-*clippings *da coleção* Pensamentos de Sabedoria *foram construídos para conduzir você a se autoprogramar para um estado de ser positivo, realístico e eficiente.*

Depois de longa pesquisa e vivência — análise e intuição — concluí que há, e sempre houve, um método simples e seguro de autoprogramação.

As informações adquiridas através da leitura de "historinhas", parábolas, fábulas, metáforas, aforismos, máximas, pensamentos etc., podem, eventualmente, atingir seu subconsciente sem passar pelo crivo do consciente analítico e bloqueador. Esta prática permite, sem grande esforço, implantar em seu sistema automático perseguidor de objetivos uma programação incrivelmente podero-

sa e geradora de ação.

Sabemos — grande objetivo da educação não é apenas o saber, *mas a* ação.

Um dos maiores Mestres de nosso tempo e um gênio na Arte de Viver, formalizou com incrível simplicidade este princípio quando ensinou: "Pedi e vos será dado; buscai e achareis; batei e vos será aberto. Pois todo o que pede, recebe; o que busca, acha; e ao que bate, se abrirá."

Hoje, em plena era da informática, com a conseqüente revolução da comunicação, estamos compreendendo esses eficientes recursos que temos inerentemente dentro de nós.

Um livro "vivo" e motivador

A coleção Pensamentos de Sabedoria *foi idealizada e construída para nos programar (autoprogramar) para a plenitude da vida. São 72 volumes de 128/136 páginas, no formato de bolso 11,5 x 18 cm com textos essencializados, de alta qualidade gráfica, periodicidade mensal, baixo custo e distribuição a nível nacional.*

Este livro começa onde o leitor o abrir. Ele não tem início nem fim. Pode continuar na nossa imaginação.

A essência da sabedoria dos grandes mestres espirituais, líderes políticos, educadores, filósofos, cientistas e empreendedores está aqui reunida de uma maneira compacta e didaticamente apresentada.

Buscamos a popularização do livro.

A foto e o pequeno perfil biográfico do autor de cada pensamento têm a função de facilitar a visualização do leitor. As "historinhas", ou "cápsulas" de informação, estão apresentadas com extrema concisão. As principais emoções e os mais importantes assuntos do conhecimento humano estão presentes nos 72 volumes. Cada título da coleção Pensamentos de Sabedoria *é um livro "vivo", motivador e transformador. Oferecemos o livroterapia.*

Uma paixão invencível

Minha permanente paixão cultural (já o disse em outros trabalhos) é ajudar as pessoas a se auto-ajudarem. Acredito ser esta minha principal vocação e missão. Quero "claretizar" as pessoas, ou seja, orientá-las no sentido de que vivam plenamente e tenham uma visão univérsica do mundo. Que sejam e que vivam harmonizadamente polarizadas.

Você tem o poder de genializar-se.

Este é o meu convite e o meu desafio lançado a você, leitor. Participe do "Projeto Sabedoria" e seja uma pessoa cosmo-pensada e auto-realizada.

"Pensar que É faz realmente SER".

Leitor amigo: vamos, juntos, construir uma poderosa força sinérgica para o nosso desenvolvimento pessoal e para o desenvolvimento de todas as pessoas de boa vontade.

Comece rompendo seus limites, modelando os grandes gênios. Visualize-se como já sendo "um vencedor do mundo".

Seja profeta de si mesmo.

HELEN KELLER - Escritora e conferencista. Nasceu em Tuscúmbia, Alabama. Desde tenra idade ficou triplamente deficiente (cega, surda e muda). Com uma fé inabalável venceu todos os obstáculos, tornando-se um dos maiores exemplos para a humanidade. Está entre as personalidades mais destacadas deste século. Viajou por vários países do mundo fazendo conferências e visitando instituições de deficientes físicos para os quais levava incentivo e orientação. (1880 - 1968.)

"O otimismo é a fé em ação. Nada se pode levar a efeito sem o otimismo."

O otimista

R. Stanganelli

Tem consciência de sua origem divina, aceita a vida com gratidão e se identifica com tudo o que é bom, belo, justo, nobre, harmonioso.

* * *

O otimista tem uma personalidade atraente; é ativo, afetuoso, cordial, alegre, produtivo; tem espírito fraterno, coração generoso; é inabalável, caráter nobre.

* * *

O entusiasmo é uma constante na vida do otimista.

Ele está sempre desenvolvendo suas qualidades e aptidões: deixa rastros de luz e bons exemplos por onde passa; é amigo da ordem e do progresso; vê no trabalho uma demonstração de afeto e o melhor caminho para suas realizações.

O Pessimista

Ignora sua filiação com o Criador e desconhece que, em seu íntimo, há um potencial ilimitado de forças que podem ser usadas livremente em seu benefício e no de terceiros.

* * *

O pessimista inverte os valores que Deus lhe dá. Por isso, toma atitudes negativas, enxergando tudo como um mal.

Está sempre prevendo dores e pesares; é apático, indolente, indeciso, triste, improdutivo; tem inveja de quem prospera e de quem contribui para o progresso.

* * *

Enquanto ele não desperta para a Grande Realidade, fica à margem da estrada, sem usufruir as alegrias da Vida.

(In: *A Bíblia do Otimismo*, R. Stanganelli, Editora Tríade, São Paulo, 1981.)

ALBERT SCHWEITZER - Filósofo, escritor, teólogo, musicólogo, conferencista, organista, médico e missionário, nascido em Kaysersberg, na Alsácia Superior Francesa. Foi considerado "o maior homem vivo" pelo cientista Albert Einstein e pela revista *Time*. Em 1952 recebeu o Prêmio Nobel da Paz. É mais conhecido como Missionário; por mais de 50 anos, cuidou dos doentes negros em Lambarene, na África Equatorial Francesa. Entre suas obras destacam-se: *Filosofia da Cultura I e II* e *Jean Sebastian Bach, le musicien poéte*. (1875 -1965).

"

Quando me perguntam se sou otimista ou pessimista, respondo que a minha aspiração é ser otimista.

"

A essência da vida está sempre conosco

Louise L. Hay

Abandono o passado com facilidade e confio no processo da Vida. Fecho a porta, isolando velhas mágoas, e perdôo a todos, inclusive a mim mesmo. Visualizo um riacho diante de mim. Reúno todas as antigas experiências, dores e mágoas, coloco-as na água e observo como começam a dissolver-se, descendo pela correnteza, até vê-las desaparecer completamente. Estou livre, e todos os de meu passado estão livres. Estou pronto para as novas aventuras que me esperam. As vidas vão e vêm, mas eu sou eterno. Estou vivo e animado, não importa meu campo de ação. O amor me envolve, agora e para sempre. E assim é.

AME-SE E AME SUA VIDA!

(In: *Vida!*, Louise L. Hay, Círculo do Livro, São Paulo, 1995.)

EPICURO - Filósofo grego, nascido em Samos. Instalou-se em Atenas e ali fundou uma escola filosófica de grande popularidade. Sistematizou a filosofia conhecida como Epicurismo. Essa filosofia manteve sua tradição ininterrupta por sete séculos até a chegada do cristianismo. Sua escola admitia mulheres, fato que abalou o mundo erudito de sua época.
(341 - 270 a.C.)

“Toda a nossa existência pode ser destruída pelo pessimismo e transformada num monte de destroços.”

Mantenha a magia do entusiasmo trabalhando para você

Norman Vincent Peale

Estando fora da cidade numa viagem de conferências, visitei um Rotary Club a fim de "recuperar minha freqüência", conforme é de regra entre rotarianos. Escolhendo uma das mesas, ao acaso, apresentei-me aos outros homens que ali estavam sentados e fui tomado um tanto de improviso quando um deles rosnou, embora de maneira jocosa:

— Então você é o Norman Vincent Peale, hein? Bem, espero que possa fazer alguma coisa por mim. Sente-se e comece a cuspir sabedoria.

Era evidente que o homem não seria tão áspero como parecia, e sim um daqueles diamantes em bruto, como dizemos. Achei-o muito simpático, homem com uma espécie de atitude zombeteira e desafiante, em seu todo.

— Não me venha com essa história de pensamento positivo — continuou ele — porque estou no fundo, arrasado, reduzido a nada e tudo o mais.

Assim foi feita aquela confissão ultravigorosa, mas completamente franca. Parecia não se importar que todos o ouvissem, pois falava num vozeirão meio rouco, que toda a gente ouviria, ainda que não o quisesse.

— Estou completamente destituído de entusiasmo, e entusiasmo é exatamente o que você vem sempre tentando impingir. E não pense que não li todos os seus livros. Tenho-os todos. Gosto deles, também, estão no ponto, mas por que comigo não deram o estalo não sei. Portanto, para onde vou, daqui por diante? Como posso arranjar o tal entusiasmo e continuar o caminho?

Deixei-o dizer o que quis, desde o início. Ele queria uma resposta e já que não tinha papas na língua quando falava, também eu não as tive e, também, eu não me importei com quem me pudesse ouvir.

— O que você precisa é Deus.

Isso realmente o abalou e o silêncio que se fez em torno da mesa parecia maciço bastante para ser cortado com uma faca. Entretanto, dois homens do outro lado da mesa mostravam uma expressão reveladora de que eu não estava sozinho naquele jogo. Esperei um comentário trocista, que aparentemente se poderia esperar, mas nunca se sabe o que existe verdadeiramente numa personalidade, isto é, como um homem é, de fato, por dentro.

Quando ele, finalmente, falou foi para dizer, tranqüilamente:

—Talvez você tenha alguma razão. Mas quer me dizer qual é a relação existente entre o entusiasrno e Deus?

— Direi, sim — falei. E, apanhando o menu que estava em cima da mesa escrevi na parte em branco a palavra Entusiasmo, em letras grandes.

— Já estudou a origem e derivação das palavras? — perguntei. — Aprenderá alguma coisa se o fizer, alguma coisa que nunca soube antes. Onde imagina que fomos buscar a palavra entusiasmo que todos damos e recebemos, por aí, sem penetrar profundamente em seu significado?

— Como posso saber? — resmungou meu camarada rotariano. — Jamais estudei palavras, mas posso compreender uma intenção, quando me é mostrada, portanto, qual é a sua intenção?

— Bem — repliquei — a palavra entusiasmo vem de duas palavras gregas, EN e TEOS. A primeira significa EM, e a segunda é a palavra grega que significa Deus, de forma que realmente a palavra entusiasmo significa EM DEUS, ou, em outra expressão, CHEIO DE DEUS. Assim, para voltar à sua pergunta quanto à sua possibilidade de obter e manter entusiasmo, a resposta é encher-se de Deus e manter-se assim.

— Vai me pregar um sermãozinho? — rosnou nosso amigo, embora rosnasse mais brandamente, desta vez.

— Por que não? Você o pediu. Eu não puxei o assunto, quem puxou foi você.

Ao ouvirem isso os dois homens que estavam do outro lado da mesa murmuraram afirmativas e tivemos uma sessão instalada, ali, naquela mesa de almoço, a propósito de como o entusiasmo trabalha por nós. Sob aquele aspecto externo tão áspero aquele homem realmente desejava algo.

O entusiasmo pode trabalhar para nós, e sua ausência pode igualmente trabalhar contra nós. Isto é um fato, por causa da imensa importância do espírito numa realização vitoriosa de vida. Aconteça o que acontecer, perca você o que perder, se não deixar seu espírito abater-se ou entrar em colapso, sua capacidade de recuperação se manterá trabalhando. E todos nós temos essa capacidade de recuperação em potencial. Mas, quando seu espírito esfria, sua personalidade se torna quebradiça, e se antes podia suportar os mais pesados golpes, agora as pancadas relativamente insignificantes podem derrubá-lo e, mesmo, despedaçá-lo.

(In: *O Poder do Otimismo*, Norman Vincent Peale, Editora Cultrix, São Paulo, 1994.)

WINSTON CHURCHILL - Político e escritor inglês. Primeiro-Ministro britânico de 1940 a 1945, traçou com Franklin Roosevelt e Joseph Stalin a estratégia dos países aliados contra Hitler. Sua obra: *História da Segunda Guerra Mundial*, publicada entre 1948 e 1953, deu-lhe o Prêmio Nobel de Literatura. No fim de sua vida dedicou-se à pintura. (1874 -1965).

"Uma coisa boa para um homem com pouca educação é ler livros de citações."

Minutos de sabedoria

C. Torres Pastorino

SEJA otimista!

Procure subir, e espere sempre que o melhor lhe aconteça.

Embora as aparências sejam contrárias, confie em Deus, que está dentro de você, porque n'Ele existe a solução de todos os seus problemas.

Olhe para o lado certo da vida, para a felicidade e o progresso, e não detenha jamais sua subida.

Seja otimista, e há de vencer!

* * *

SEJA alegre e otimista!

Quando se dirigir a seu trabalho, faça-o de coração alegre.

O trabalho que você executa é digno de sua pessoa.

Por menor que pareça, é de suma responsabilidade para você e para o mundo.

Não se esqueça jamais de agradecer a Deus o trabalho que lhe proporciona o pão de cada dia.

Chegue ao local do trabalho com o coração feliz, e o trabalho se tornará um passatempo, um estimulante, que lhe trará, cada novo dia, imensas alegrias e felicidade incalculável.

(In: *Minutos de Sabedoria*, C.Torres Pastorino, Vozes, 1993.)

“

O otimista vence na vida. Quem rumina pessimismo tem seus dias de felicidade contados.

”

Frei Anselmo
(Escritor)

Não há essa coisa chamada fracasso. Há somente resultados.

Anthony Robbins

Esta crença é quase um corolário do número um, e é, também, importante em si mesma. Muitas pessoas, em nossa cultura, foram programadas para temer essa coisa chamada fracasso. No entanto, todos nós podemos pensar em ocasiões em que quisemos uma coisa e conseguimos outra. Fomos todos reprovados num teste, sofremos por um romance frustrante que não deu certo, montamos um plano de negócios para ver tudo sair errado. Usei as palavras "efeito" e "resultados" porque é o que as pessoas bem-sucedidas vêem. Elas não vêem fracasso. Não acreditam nele. Isso não conta.

As pessoas sempre conseguem alcançar algum tipo de resultado. Os supersucessos de nossa cultura não são pessoas que não falham, mas simplesmente pessoas que sabem que se tentarem alguma coisa e não obtiverem o resultado desejado, pelo menos tiveram uma experiência de aprendizado. Elas usam o que aprenderam e tentam alguma outra coisa. Tomam algumas novas medidas e produzem alguns novos resultados.

Pense nisso. Qual é o único item, o único benefício que você tem hoje, a mais que ontem? A resposta, claro, é experiência. Pessoas que temem o fracasso fazem com antecedência representações internas do que poderá não funcionar. É isso que não lhes permite tomar a única medida que poderia assegurar o cumprimento de seus desejos. Você tem medo de fracasso? Bem, como se sente sobre o aprendizado? Você pode aprender com cada experiência humana e pode, por meio disso, ter sucesso em qualquer coisa que faça.

Certa vez, Mark Twain disse: "Não há visão mais triste do que um jovem pessimista". Ele estava certo. Pessoas que acreditam em fracasso têm quase garantida uma existência medíocre. Fracasso é alguma coisa que só não é percebida por pessoas que conseguiram grandeza. Elas não residem com ele. Não juntam emoções negativas a alguma coisa que não funciona.

Deixe-me compartilhar com vocês a história da vida de alguém. Era um homem que:

Faliu no negócio com 31 anos de idade.
Foi derrotado numa eleição para o Legislativo com 32 anos.
Faliu outra vez no negócio aos 34 anos.
Superou a morte de sua namorada aos 35.
Teve um colapso nervoso quando tinha 36 anos.
Perdeu uma eleição com a idade de 38.
Perdeu nas eleições para o Congresso aos 43, 46 e 48.
Perdeu uma disputa para o Senado com a idade de 55.
Fracassou na tentativa de tornar-se vice-presi-

dente aos 56 anos.
Perdeu uma disputa senatorial aos 58 anos.
Foi eleito presidente dos Estados Unidos aos 60 anos.

O nome do homem era Abraham Lincoln. Poderia ele ter se tornado presidente se tivesse visto suas perdas nas eleições como fracassos? É pouco provável. Há uma famosa história sobre Thomas Edison. Após ter tentado 9.999 vezes aperfeiçoar a lâmpada e não ter conseguido, alguém perguntou-lhe: "Você vai ter dez mil fracassos?" E ele respondeu: "Não falhei. Acabo de descobrir outra maneira de não inventar a lâmpada elétrica". Tinha descoberto como outro conjunto de ações produzira um resultado diferente.

Vencedores, líderes, mestres — pessoas com poder pessoal —, todos entendem que se você tentar alguma coisa e não conseguir o efeito que quer, isso é simplesmente *feedback*. Você usa essa informação para fazer distinções mais precisas sobre o que necessita para produzir os resultados que deseja. Certa vez, Buckminster Fuller escreveu: "Qualquer coisa que os seres humanos aprenderam, tiveram de aprendê-lo como conseqüência do processo de tentativa e erro. Os humanos só aprenderam através de erros". Algumas vezes aprendemos com nossos erros, outras vezes com os erros de outros. Pare um minuto para refletir sobre os cinco maiores, assim chamados, "fracassos" de sua vida. O que aprendeu com essas experiências? É provável terem sido algumas das mais valiosas lições que aprendeu na vida.

Fuller usa a metáfora do leme de um navio. Diz que quando o leme está em ângulo em relação a um outro lado, o navio tende a manter o rumo, sem a intenção do timoneiro. Ele tem de corrigir o rumo, movendo-o para trás, em direção à posição original em um processo interminável de ação e reação, ajustamento e correção. Imagine isso em sua mente — um timoneiro em mar tranqüilo, dirigindo seu barco mansamente em direção a seu destino, superando milhares de inevitáveis desvios de sua rota. É uma imagem agradável, e é um lindo modelo para o processo de viver com sucesso. Mas a maioria de nós não pensa dessa maneira. Cada erro, cada engano, tende a fixar-se na bagagem emocional. É um fracasso que se reflete muito mal em nós.

Muitas pessoas, por exemplo, ficam desanimadas porque são gordas. Suas atitudes com relação a obesidade não mudam em nada. Em vez disso, poderiam admitir o fato de que estão tendo sucesso na obtenção de um resultado chamado excesso de gordura e que agora vão conseguir um novo resultado chamado ser magro. Conseguiriam esse novo resultado praticando novas ações.

Se você não estiver certo de que ações precisa para conseguir esse resultado, preste especial atenção ao capítulo X, ou modele alguém que conseguiu o resultado chamado ser magro. Descubra que ações específicas essa pessoa consegue, mental e fisicamente, para permanecer sempre magra. Consiga as mesmas ações e conseguirá os mesmos resultados. Enquanto encarar seu excesso de peso como um fracasso, você estará imobilizado. No entanto, no minuto em que mudá-lo para um resultado que conseguiu, portanto um resultado que você pode mudar outra vez, então seu sucesso estará garantido.

A crença no fracasso é um modo de envenenar

a mente. Quando armazenamos emoções negativas, afetamos nossa fisiologia, nosso processo mental, e nosso estado. Uma das maiores limitações de grande parte das pessoas é seu modo de fracassar. O dr. Robert Schuller, que ensina o conceito de pensamento de possibilidade, faz uma grande pergunta: "O que você tentaria fazer se soubesse que não poderia fracassar?" Pense nisso. Como responderia? Se realmente acreditasse que não poderia falhar, poderia adotar toda uma série nova de medidas e conseguir novos resultados desejados, fortalecedores. Não estaria você ficando melhor, tentando-os? Não é essa a única maneira de crescer? Portanto, sugiro que comece a compreender agora que não existe coisa como o fracasso. Há somente resultados. Você sempre produz um resultado. Se não é aquele que deseja, pode só mudar suas ações e produzirá novos resultados. Corte a palavra "fracasso", assinale a palavra "resultado" nesse livro, e comprometa-se a aprender com toda a experiência.

(In: *O Poder sem Limites*, Anthony Robbins, Editora Best Seller, São Paulo, 1987.)

HEMINGWAY (Ernest) - Escritor e jornalista norte-americano. Nasceu em Oak Park, Chicago. Foi, também, correspondente de guerra e compôs alguns textos de filmes. Escreveu muitas obras. Entre elas destacam-se: *Por Quem os Sinos Dobram* e *O Velho e o Mar.* Segundo consta, suas obras têm sempre um toque autobiográfico, no sentido mais amplo. Seus melhores livros retratam a experiência-padrão vivida pela geração da Primeira Guerra Mundial. O livro: *Paris é uma Festa*, em publicação póstuma, vendeu cerca de 83 mil exemplares, quando publicado em 1964. (1899 -1961).

"O homem não foi feito para a derrota; o homem pode ser destruído, mas não vencido."

Lemas otimistas

Autores diversos

Querer é poder.
Viver é lutar.
Sem luta não há glória.
Tudo é possível.
A fé remove montanhas.
Sempre é tempo.
Tempo é matéria-prima.
Tempo é vida.
Vida é riqueza.
O amanhã é eterno.
Melhores dias virão.
A tendência é melhorar.
Enquanto há vida, há esperança.
Sempre alerta.
Hei de vencer.
A honestidade sempre vence.
Unidos venceremos.
A união faz a força.
Progredir para melhor servir.
Só o amor constrói.
Desperta e verás; trabalha e terás.
Acredite e vença...

(In: *Otimismo em Gotas*, R. O. Dantas, Ed.Vozes, 1991.)

DEFOE (Daniel) - Escritor inglês. Considerado um herói para o povo e um perigoso panfletário para o governo britânico. Viveu em tempos em que a dissidência política era severamente punida, inclusive no pelourinho. Defoe era filho de presbiterianos, religião protestante que se opunha ao anglicanismo (religião oficial britânica). Devido aos seus ideais políticos esteve preso. Segundo consta, adotou o nome "Defoe", numa transcrição mais aristocrática da assinatura "D. Foe". Escreveu inúmeras obras. Entre elas, uma das mais conhecidas é *Robinson Crusoé*, inspirada na estória real do marinheiro Selkirk que passara quatro anos sozinho numa ilha. (1660 -1731).

"

Deixar-se abater é ceder ao infortúnio.

"

Cosmos — ou caos

Huberto Rohden

Vivemos na ilusão de que sejamos responsáveis pela ordem do Universo — como se o cosmos pudesse acabar em caos, se nós não o salvássemos!...

Achamos que devemos resistir aos malévolos, para que os benévolos não sejam exterminados pelos malévolos, sobre a face da terra...

Quanta insensatez!

Quanta miopia!

Assim diz o insensato na sua erudita ignorância: Se eu não resistir ao injusto, amanhã a injustiça eclipsará a justiça; logo, é meu dever resistir ao injusto...

"Mete a tua espada na bainha!"...

"Não resista ao malévolo!"...

Esta é a linguagem irracional do divino Mestre — mas os seus humanos discípulos julgam de seu dever serem mais racionais, corrigirem o Mestre e arvorarem-se em supermestres do Cristo. Só de vez em quando aparece um *mahatma*, uma grande alma, e resolve ser tão irracional como o Mestre e proclamar *ahimsã*, não-violência, e crer, incondicionalmente, no "poder da Verdade, *satyagraha*... Mas as pequenas almas, que crêem nas armas, não crêem nessa grande alma, que detesta as armas...

Achamos que, se hoje há 50% de maus contra

50% de bons, e se estes não resistirem àqueles, amanhã haverá 100% de maus contra 0% de bons — e é dever nosso evitar esse descalabro. E, por isso, concluímos, devemos também nós, os bons, tornar-nos maus, resistindo aos maus, para que os maus não tomem conta do mundo e destruam o reino de Deus sobre a face da terra.

Que é da nossa lógica?

Que é da nossa matemática?

Como poderíamos salvar do extermínio os bons, se nós mesmos nos tornássemos maus?

O primeiro passo para garantirmos a vitória dos bons é sermos bons nós mesmos, e não nos nivelarmos com os maus.

"Deixai crescer o joio no meio do trigo"...

Toda essa confusão vem da nossa miopia, de identificarmos a existência do gênero humano com a sua efêmera vivência neste planeta e reduzirmos a vida do homem a 50 ou 60 anos.

A vitória do bem sobre o mal nada tem que ver com este cenário *telúrico* — ela é essencialmente um processo *cósmico*. Ainda que todos os bons fossem exterminados pelos maus, aqui na terra, nenhuma derrota teria sofrido a causa do bem. Mas se os bons resolverem tornar-se maus, a fim de salvar a causa do bem, então a causa do bem sofreu grande derrota — as potências do inferno prevaleceram contra as potências do céu.

A nossa tarefa não consiste em salvarmos a causa do bem, mas simplesmente em *sermos bons nós mesmos*, incondicionalmente bons. Não temos de salvar o Universo de Deus — temos de salvar somente a nós mesmos. O resto não é da nossa conta...

Se eu me salvar, se tu te salvares, se nós nos

salvarmos — então o Universo estará salvo...

É tão fácil envolver numa aura de amor abstrato a humanidade toda — mas é tão difícil amar em concreto o ser humano ao nosso lado, esse ser individual, A, B ou C!...

"Ninguém é herói pelo que faz — só é herói quem sabe sofrer e renunciar" (Schweitzer).

Somos todos doutores em teorias — e somos todos analfabetos na prática...

Se alguém é capaz de realizar na vida prática 1% dos 100% da sua filosofia teórica —está de parabéns...

As nossas altivolantes teorias abstratas produzem em nós uma embriaguez de gloriosidade — a prática concreta de uma diminuta parcela dessas teorias nos mantém num nível de silenciosa humildade...

A única ordem e harmonia ao nosso alcance é a ordem e harmonia dentro de nós mesmos...

(In: *Roteiro Cósmico*, Huberto Rohden, Editora Martin Claret, São Paulo, 1985.)

LAWRENCE (David Herbert) - Escritor e poeta inglês. Foi, também, pintor, tendo, inclusive, feito exposição de pintura em Londres, com sucesso. Escreveu muitas obras, contudo, as mais famosas causaram polêmica, quando publicadas. O Livro: *The Rainbow* (O Arco-Íris), editado em 1915, foi condenado e apreendido. O romance: *O Amante de Lady Chatterley*, um dos mais polêmicos foi proibido pelo governo britânico durante 32 anos. (1885 -1930).

"

Se não há caminhos à nossa frente; temos de contornar os obstáculos; pular por cima deles; porque temos de viver seja qual for a situação.

"

Sugestões práticas para uma atitude sensata:

Sônia Café

• Cultive a sua força interior e a calma exterior. Diante de situações complicadas, tenha paciência e seja bondoso para consigo mesmo e os outros.

• Busque a verdade de um modo aberto e sem rigidez, e todos os segredos do Universo lhe serão revelados.

• Reconheça a experiência dos mais experientes. Há momentos em que é sensato pedir orientação a alguém mais sábio.

• Não deixe para depois o reconhecimento de algum erro cometido anteriormente. Mais vale um reconhecimento no tempo certo do que uma punição retardada.

(In: *O Livro das Atitudes*, Sônia Café, Editora Pensamento, São Paulo, 1990.)

SÊNECA (Lucius Annaeus) - Orador, filósofo e escritor, nascido em Córdoba. Muito cedo foi para Roma, onde se formou. Escreveu várias obras em verso e prosa, tais como tratados filosóficos, tragédias e epístolas morais. Foi preceptor e conselheiro de Nero, escrevendo para este, *O Tratado da Clemência*, a fim de prepará-lo para ser o futuro soberano de Roma. A data de seu nascimento é discutida por alguns. (01 a.C. - 65 d.C.).

"Nenhum vento sopra a favor de quem não sabe para onde ir."

Desenvolvimento pessoal

Dr. Walter Doyle Staples

O sexto fator chave de sucesso (FCS) é o desenvolvimento pessoal. **Você precisa pensar em desenvolvimento pessoal, para pensar como um vencedor!** Um dos maiores desafios e uma das maiores esperanças da vida é criar e o olhar para frente, para o estágio seguinte de crescimento e desenvolvimento pessoais. Se você se dedicar a um programa de crescimento e desenvolvimento pessoais, nada poderá impedi-lo de progredir em sua vida. Qualquer coisa que você realiza é um resultado direto dos seus esforços para aperfeiçoar-se. Você não pode ser um fracasso sem seu consentimento. Como ninguém pode se importar com você mais que você mesmo, é sua a responsabilidade de colocar este processo em movimento, de tomar a iniciativa e começar a se aperfeiçoar.

O aprendizado é um processo vitalício. "A educação do homem nunca está completa até sua morte", observou Robert E. Lee (1807-1870), comandante-em-chefe do exército confederado na Guerra de Secessão Americana. A educação envolve tanto o aprendizado do novo como o desaprendizado do velho e pode começar a qualquer momento. Se você ainda não iniciou seu próprio programa de desenvolvimento pessoal, o momento de fazê-lo é agora.

O desenvolvimento pessoal exige duas coisas: a admissão de que você não sabe tudo aquilo que precisa saber para progredir, e o compromisso de começar a aprender o que é preciso. É claro que isso requer muita dedicação e trabalho duro e a disposição para sacrificar alguns prazeres a curto prazo em nome do ganho a longo prazo. Os vencedores sempre fazem o que devem fazer e quando, porque sabem que esse é o preço do sucesso.

O autor Norman Cousins oferece a visão pela qual "É um contra-senso dizer que não se tem tempo para estar totalmente informado. O tempo dedicado ao pensamento economiza mais tempo do que qualquer outra coisa."

O desenvolvimento pessoal envolve trabalhar em si mesmo, nas habilidades mentais, chave com as quais você deve contribuir para a equação do desempenho. Quanto mais você se aperfeiçoar, mais gostará de si mesmo, mais se respeitará e maior será a sua autoconfiança. Você começará a se ver por uma luz diferente e sua mente se abrirá para novos desafios e oportunidades. Estes sempre gravitam na direção da pessoa que acredita neles.

Todos os estudos têm constatado que o desempenho máximo começa com a fase de preparação e prática de uma determinada atividade e não com a fase de execução. Os atletas passam mais horas praticando do que competindo de fato. A prática repetida e o treinamento fazem a diferença entre um desempenho médio e o desempenho máximo. Os grandes atletas se fazem por si mesmos. Eles não nascem com as habilidades motoras superiores que fazem os campeões.

Os homens e mulheres que se sobressaem em

um determinado campo com freqüência não são mais dotados que a média. Mas eles se destacam porque dedicaram tempo ao seu preparo, para desenvolver o potencial que possuíam até um nível muito acima da média. A característica única de uma sociedade livre é que as pessoas podem desenvolver seus talentos e habilidades individuais e lutar na direção que escolherem, desde que estejam dispostas a dedicar tempo e esforço para conquistar aquilo que estão buscando.

As pessoas refletem exteriormente o que estão pensando interiormente. A qualidade da sua vida exterior será sempre um reflexo da qualidade do seu pensamento interior. Cada passo que você dá, cada pequeno aperfeiçoamento que faz, soma-se as suas condições externas. Você irá acumular benefícios terrenos à medida em que começar a desenvolver suas habilidades mentais. Você acumulará recompensas materiais, financeiras e emocionais em proporção direta com a preparação mental que empreender. Você precisa trabalhar duro em si mesmo. Como diz Zig Ziglar, "Quando você é duro consigo mesmo, a vida é fácil para você, mas quando você é fácil consigo mesmo, a vida é dura para você."

Para a maioria das pessoas, a vida progride em estágios. Aos vinte e poucos anos, você está cheio de energia e vigor e tem altas esperanças para o futuro. Aos trinta, você experimenta algumas das dificuldades e os desafios que a vida tem a oferecer, e também, alguns reveses. Aos quarenta anos, você se pergunta por que ainda não "chegou lá" e se irá consegui-lo um dia. Esse é o momento ideal para reavaliar suas condições presentes e planejar seu futuro.

Dale Carnegie, Norman Vincent Peale e Napoleon Hill já haviam passado dos quarenta e cinco quando suas primeiras obras importantes foram publicadas. Nos Estados Unidos, o milionário médio tem acima de quarenta e cinco anos. Michelangelo (1475-1564), o famoso pintor, escultor e arquiteto italiano, tinha setenta e dois anos quando foi convidado pelo Papa Paulo III para projetar e construir a cúpula da basílica de São Pedro, a maior realização arquitetônica do Renascimento italiano. E, como previu Abraham Lincoln, sua vez chegou finalmente quando ele tinha cinqüenta e dois anos. "Quarenta é a velhice da juventude; cinqüenta é a juventude da velhice", de acordo com Victor Hugo (1802-1885), poeta, novelista e dramaturgo francês.

Você pode provocar desejo e entusiasmo para começar um programa de desenvolvimento pessoal fixando uma meta que seja significativamente mais alta que o seu atual estado de coisas. Você gostaria de dobrar sua renda anual? Você pode conceber ganhar dez vezes mais do que ganha agora? A realidade é que você pode, se começar o processo de aprender aquilo que precisa saber para ter sucesso.

(In: *Pense Como um Vencedor,* Dr. Walter Doyle Staples, Editora Pioneira, São Paulo, 1994.)

“Eu irei, não importa aonde, contanto que seja para a frente”

David Livingstone
(Explorador escocês)

O bom humor relaxa

Irmã E. S. Bennett

Fui fazer compras no supermercado perto do nosso convento; estava com pressa e enchi o carrinho sem reparar bem nos preços das coisas. De repente, quando já ia entrar na fila do caixa, dei-me conta que talvez não tivesse dinheiro suficiente para pagar aquilo tudo. Tirei do carro, e fui botando no chão; depois ajoelhei-me e comecei a somar rapidamente os preços.

De repente, ouvi uma voz atrás de mim: olhe, irmã, não adianta a senhora rezar! A gente não vai mesmo baixar os preços!

(In: *Seleções do Reader's Digest*, abril de 1988.)

MACHADO DE ASSIS - Escritor e jornalista brasileiro, nascido no Rio de Janeiro. Foi sócio-fundador da Arcádia Fluminense e Presidente da Academia Brasileira de Letras. Autor de várias obras famosas, entre elas: *Dom Casmurro* e *Quincas Borba*. Fez algumas tentativas com poesias e peças teatrais, entretanto, consagrou-se no gênero romances. Suas obras são de características realistas e as mais famosas foram traduzidas para vários países. É considerado um dos maiores escritores do século XIX. (1839 -1908).

“A arte de viver consiste em tirar o maior bem do maior mal.”

Os dez mandamentos do otimismo

Hélio Cavenaghi

I

Hoje é o dia mais importante de tua vida. Não o sobrecarregues com lembranças dolorosas do ontem, nem com temores covardes do amanhã. Vive-o com entusiasmo e intensidade.

II

Constrói tu mesmo tua vida. Não permitas que opiniões e erros alheios te conduzam ao fracasso.

III

Irradia amor, cordialidade e simpatia. Nada guardes de teus tesouros espirituais, pois, quanto mais deres, mais enriquecerás.

IV

Nada esperes receber dos outros. Tua grande fonte de energia está em ti mesmo — se souberes utilizá-la, verás quanto já és rico e forte.

V

Sê pontual, honesto e exigente contigo mesmo. Quem não se disciplina, desperdiça tesouros de energia física e mental, acabando por destruir-se.

VI

Cuida de teu corpo e de tua mente, conservando ambos sadios. Como os males de um se refletirão infalivelmente no outro, os dois merecem, por igual, teu cuidado.

VII

Tem paciência. Jamais duvides da continuidade da vida e de que a vitória pertence aos que sabem esperar o momento certo de agir.

VIII

Foge da extravagância e do desperdício. Os dois são próprios dos desequilibrados — e o equilíbrio na vida é um bem inestimável.

IX

Faze diariamente uma avaliação de tua vida. Vê a que deves dar importância, e de que fardos inúteis do preconceito e do sentimentalismo deves livrar-te, para que não te embaracem em tua caminhada para um futuro pleno de realizações.

X

Tomada uma decisão consciente e livre, jamais te afastes dela. Saber querer é a base para vencer.

(In: *A Bíblia do Otimismo*, R. Stanganelli, Tríade Editorial, São Paulo, 1981.)

LAIR RIBEIRO - Médico cardiologista, escritor, conferencista e empresário brasileiro. Fez estágio e treinamento em Harvard. Radicado nos Estados Unidos desde 1976 é professor adjunto da Universidade Thomas Jefferson. Graduado pelo Instituto de Neurolinguística (PNL) de Nova Iorque. Autor de vários *best sellers* na área de auto-ajuda, entre os quais, *O Sucesso não Ocorre por Acaso*. No Brasil, fundou e dirige o Grupo Sintonia, onde ministra cursos de desenvolvimento pessoal e expansão da inteligência. (1946-).

"

A vida é um eco. Se você não está gostando do que está recebendo, observe o que está emitindo.

"

Um futuro mais brilhante!

Harold Sherman

Resolva já dar os passos exatos para um futuro melhor — ter novos pensamentos, tentar novas idéias, atrair novas e melhores experiências!

Numa proporção maior do que você pode imaginar, no momento, pode assumir o controle do seu destino.

Reduzida a simplicidade total, a sua felicidade fundamental depende grandemente do que você pensa dos outros e do que os outros pensam de você. De como você reage ao que lhe acontece; de quanto a sua mente está livre de qualquer possível temor, ódio ou preconceito; ou de sentimentos de inferioridade ou insegurança, e outros; se você tem ou não prazer com o que está fazendo e com as pessoas com quem trabalha, ou com quem está associado; se acha agradável viver com você mesmo; se você e seus entes queridos se compreendem ou não; se sua situação em sua vida familiar é o que deveria ser.

Tudo isso é parte essencial da vida — e se uma ou mais destas coisas não está certa, você terá de fazer umas correções na sua imagem mental.

Lembre-se — você não pode mudar sua situação na vida enquanto não mudar sua maneira de pensar!

(In: *Super TNT — Liberte suas Forças Interiores,* Harold Sherman, Editora Ibrasa, São Paulo, 1985.)

JESUS NAZARENO (O Cristo) - Fundador da religião cristã e marco cultural da civilização moderna. Nasceu na aldeia de Nazaré, no ano 5 ou 7 antes de nossa Era. Não deixou nada escrito. Sua vida é contada pelos evangelistas e constitui a essência do Novo Testamento. Ensinava por parábolas e aforismos. Acusado de traição contra o império romano e religiosos da época, foi condenado e morreu crucificado em 34 a 37 d.C. É considerado pelo cristianismo como a maior personalidade da história da Humanidade.

"Bem-aventurados os aflitos, porque serão consolados."

A mudança nas pessoas

Marilyn Ferguson

A diferença entre a transformação *por acidente* e a transformação *por um sistema* é como a diferença entre um raio e uma lâmpada. Ambos iluminam, mas um é perigoso e não confiável, enquanto a outra é relativarnente segura, dirigida, e está à mão.

São inúmeros os detonadores intencionais de experiências transformadoras, ainda que tenham uma qualidade comum. Todos focalizam a percepção da percepção — uma mudança crítica. Apesar de toda a sua variedade na superfície, a maioria se concentra em algo por demais estranho, complexo, difuso ou insípido para ser tratado pela metade intelectual e analítica do cérebro: na respiração, em movimentos físicos repetitivos, na música, na água, em uma chama, em um som inexpressivo, uma parede branca, um *koan*, um paradoxo. O cérebro intelectual só pode dominar a percepção fixando-se em algo definido e limitado. Se forem capturados por um foco difuso e invariável, os sinais do outro lado da mente podem ser ouvidos. Seguem-se vários detonadores indicados pelas pessoas que responderam ao questionário da Conspiração Aquariana:

• Isolamento sensorial e supercarga sensorial, pois a alteração intensa do que se percebe provoca uma modificação da consciência.

• Biofeedback — o uso de aparelhos que reproduzem sons ou leituras visuais de processos do organismo, como atividades das ondas cerebrais, atividades musculares, temperatura da pele — porque aprender como controlar esses processos exige um estado anormalmente relaxado e alerta.

• Treinamento autógeno, solução criada na Europa há mais de 50 anos; auto-sugestão de que o corpo está ficando relaxado, "respirando por si mesmo".

• Música (algumas vezes em combinação com imagens mentais ou meditação), devido à sensibilidade do cérebro ao tom e ao ritmo e porque a música envolve o hemisfério direito. Cantos monótonos. Pintura, escultura, cerâmica e atividades similares, que proporcionam ao criador uma chance de se tornar perdido na criação.

• Teatro improvisado, que exige não somente atenção, mas também espontaneidade. Psicodrama, porque força uma percepção de papéis e de representação. Contemplação da natureza e outras experiências esteticamente irresistíveis.

• As estratégias do "despertar da consciência" de vários movimentos sociais que chamam a atenção para velhos conceitos.

• Redes de auto-auxílio e de auxílio mútuo — como por exemplo os Alcoólatras Anônimos, os Gastrônomos Anônimos e outras tantas, cujas 12 regras incluem prestar atenção aos processos da consciência e às mudanças de cada pessoa e tomar conhecimento de que se pode escolher um comportamento e cooperar com "forças mais elevadas" olhando-se para o próprio interior.

- Hipnose e auto-hipnose.
- Meditação de todos os tipos: zen, budismo, tibetano, caótica, transcendental, cristã, cabalista, kundalini, raja yôga, tantra yôga, etc. Psicossíntese, sistema que combina imagens com estados de meditação.
- Histórias sufistas, *koans* e danças dervixes. Técnicas xamânicas e mágicas que despertam a atenção.
- Seminários, como Controle da Mente Silva, Atualizações e Mola da Vida, que procuram romper o transe cultural e abrir o indivíduo para novas opções.
- Diários dos sonhos, pois os sonhos são o meio mais à mão para informações fora do alcance da consciência ordinária.
- Sistemas arica, teosófico e gurdjieffiano, que sintetizam muitas tradições místicas diferentes e ensinam técnicas para alteração da percepção. Psicoterapias contemporâneas, como a logoterapia da Viktor Frankl, que envolve a busca do significado e o uso de "intenção paradoxal", a confrontação direta com a fonte do medo. A terapia primal e suas ramificações, que se concentram nas experiências dolorosas da primeira infância. O processo Fischer-Hoffman, uma volta similar às ansiedades da infância, seguido por um intenso uso de imagens para a reconciliação e o perdão dos pais por experiências negativas anteriores. A terapia *Gestalt*, a delicada imposição de novos padrões de reconhecimento, ou

mudanças de paradigma.

• Ciência da mente, uma aproximação à cura e à autocura.

• O curso de milagres, uma aproximação não ortodoxa contemporânea ao cristianismo baseada em uma profunda mudança de percepção.

• Uma variedade de disciplinas e terapias: hata yôga, reichian, o sistema Bates para o melhoramento da visão, T'ai Chi Ch'uan, aikidô, caratê, corrida, dança, Rolfing, a bioenergética, Feldenkrais, Alexander, cinesiologia aplicada.

• Experiências intensas de mudança pessoal e coletiva em Esalen, no Big Sur, grupos sensitivos nos Laboratórios de Treinamento Nacional em Washington, grupos de encontro, grupos informais, de amigos, de apoio.

• Esportes, escalar montanhas, disputas aquáticas e atividades semelhantes consumidoras de energias físicas que provocam uma modificação qualitativa na sensação de estar vivo. Retiros de isolamento, vôos ou navegação solitários, que fomentam a autodescoberta e produzem uma sensação de ausência de tempo.

Todas essas abordagens podem ser chamadas de psicotecnologias — sistemas para uma deliberada modificação da consciência. As pessoas podem descobrir independentemente uma nova forma de atenção, e podem aprender a induzir tais estados por métodos de sua própria criação. Tudo pode servir.[1]

Como observou William James há cerca de 75 anos, a entrega é a chave para a expansão da percepção. Quando a luta é abandonada, ela está vencida. "Para andar-se mais depressa, deve-se ir devagar", observou o herói de Shockwave Rider (*Cavaleiro das Ondas de Choque*), romance de John Brunner sobre o futuro. Um pesquisador de biofeedback, chefe de psiquiatria de famoso centro médico, alertou seus colegas de que "Vocês só podem vencer essas corridas se tirarem o pé do acelerador."

(In: *A Conspiração Aquariana*, Marilyn Ferguson, Editora Record, Rio de Janeiro, 1985.)

---

[1] Muitas das críticas que são feitas às psicotecnologias se baseiam nas aparentes contradições entre o comportarnento do indivíduo e suas alegadas modificacões pessoais. Muitas pessoas discutem suas pretensas modificações de percepção como se se tratasse do último nome ou de uma dieta; mesmo assim, essa fase pode preceder à verdadeira modificação. Algumas pessoas se sentem como se estivessem se modificando de forma não-evidente para outras. Outras, ainda passam por uma aparente modificação negativa, períodos de alheamento ou de emotividade, antes de atingirem o novo ponto de equilíbrio. Podemos apenas imaginar a ocorrência de modificações em outras pessoas, pois a transformação não é um espetáculo para ser assistido. E podemos até interpretar mal o que aconteceu em nós mesmos, percebendo somente em retrospecto que alguma mudança importante ocorreu; ou podemos pensar que mudamos definitivamente sob algum aspecto e nos surpreendemos quando vemos a nós mesmos, ocasionalmente, voltar a velhos padrões e comportamentos.

“Os otimistas proclamam que vivemos no melhor dos mundos; os pessimistas temem que isso seja verdade”

James Branch Cabell
(Escritor e ensaísta norte-americano)

Otimismo salutar

*Prof. Dr. A. Austregésilo**

Amai a vida, o trabalho e o prazer. A alegria é sempre curativa, o otimismo, sempre consolador. O trabalho encerra maravilhas; dinâmicas extraordinárias. Melhora a saúde, tonifica a alma, enobrece o indivíduo, estimula a sociedade, eleva o homem e faz progredir o mundo.

A alegria transmuta os venenos do organismo em elementos alíbeis e favorece as trocas biológicas do corpo.

A alma floresce com a alegria sadia e natural, filha da saúde do corpo e do equilíbrio dos nervos.

A tristeza constitui veneno terrível para as células cerebrais e de todo organismo. A raiva, o ódio e a vingança são tóxicos demonstrados, para o funcionamento de todos os órgãos do corpo humano. O contato do homem com a natureza o faz, naturalmente, alegrar-se. O mar, o sol, a brisa, a vegetação, o céu azul e luminoso, a paisagem, enfim, todos os componentes da natureza produzem no corpo e na alma metamorfoses salutares admiráveis. A festa da

---

* Professor da Faculdade de Medicina e da Academia Brasileira de Letras.

natureza entra-nos dentro da alma como energia benfazeja e salutar.

A saúde constitui condão precioso que predispõe ao otimismo de viver.

O equilíbrio da saúde pode ser mantido por meio de regras elementares de higiene, sem exageros, nem convenções.

Nada de preceitos rigorosos, inadaptáveis, apriorísticos, que são inúteis. Devemos viver como todo mundo, sem excesso de cuidado nem desmazelos exagerados.

A média dos homens constitui a padronagem da existência.

Os princípios rigorosos de higiene ao meu ver, são prejudiciais. Obedecem a idealismos científicos que não são compatíveis com a vida humana das cidades e dos campos.

(In: *Sabedoria Universal*, Paulo Lotufo, Editorial Brasipal, 1980.)

FERNANDO PESSOA - Poeta e escritor lusitano. Entre suas obras destacam-se 30 poemas concebidos em nome de seu heterônimo Alberto Caeiro, denominado: *O Guardador de Rebanhos*. Pessoa tinha uma forma toda própria de escrever e, por vezes, confundia-se com seus heterônimos. Morreu escrevendo e sua última frase escrita foi: "Eu não sei o que me reserva o amanhã". (1888 -1935).

“

Tudo vale a pena quando a alma não é pequena.

”

De, em, para

Huberto Rohden

Tudo vem do Infinito.
Tudo está no Infinito.
Tudo volta para o Infinito.

Mas o modo de voltar varia. Os seres infra-humanos voltam para o Infinito, donde vieram, dissolvendo-se nele e deixando de existir como indivíduos finitos; continuam a ser como Realidade Universal, mas deixam de existir como Indivíduos Realizados. O Real do seu ser coincide com o Irreal do seu existir.

Somente o homem, dentre as criaturas da terra, pode perpetuar a sua *existência individual*, o seu Eu existencial, quando regressa ao grande Todo Universal, donde veio e no qual está. O homem, graças à sua experiência espiritual, pode integrar-se no Infinito, em vez de *dissolver* o seu Finito no Infinito e deixar de existir como homem.

Tudo, quando morre, deixa de existir e continua a ser — somente o homem, quando morre, pode continuar a existir individualmente; não necessita de se diluir no oceano do Nirvana Universal.

De que depende essa perpetuação da existência individual?

Depende da experiência vital "Eu e o Pai somos um." Eu, o Finito, sou uma forma existencial da

Essência Universal.

O que é essa experiência vital imortalizante, ninguém o sabe a não ser que a tenha vivido em toda a sua veemência e plenitude.

Saber é Ser. Quem não é aquilo que quer saber não o sabe.

Só *sei* realmente aquilo que *sou*.

Quando meu *saber* coincide com o meu *ser*, então eu sei realmente, e então o meu saber é uma força criadora irresistível.

Esse dinâmico *ser-saber* é um carisma, que não pode ser manufaturado pelo ego consciente, mas é recebido do Infinito pelo Eu cosmosciente, suposto que o Eu seja idôneo para conceber essa prole divina. Em face do Infinito, a alma humana é essencialmente feminina, que não pode dar, antes de receber, ou conceber, o germe da Vida Divina, se permitir ao Pai Eterno que a fecunde com o poder da sua graça. "Eis aqui a serva do Senhor — faça-se em mim segundo o teu Verbo" — somente esta atitude de humilde receptividade é que torna a alma idônea para conceber o Verbo — e então o Verbo se faz carne e habita a alma, cheio de graça e de verdade.

(In: *Roteiro Cósmico*, Huberto Rohden, Editora Martin Claret, São Paulo, 1985.)

CONFÚCIO (Kung-Fu-Tse) - Filósofo e sábio chinês, nascido na província de Lu. Contemporâneo de Lao-Tse. Ocupou o cargo de Ministro de uma cidade chinesa, ocasião em que divulgou sua filosofia. Por defender os pobres e miseráveis com suas idéias filosóficas, foi mal interpretado e rejeitado até mesmo pelo povo. Seu valor só foi reconhecido após sua morte. Deixou muitos provérbios e máximas que são utilizados, até hoje, como lições de sabedoria. (551 - 478 a.C.).

"Uma pedra preciosa não pode ser polida sem fricção, nem o homem pode ser aperfeiçoado sem passar por provações."

Sinergia

Dr. Lair Ribeiro

Fazendo mais com menos

Sinergia é somar multiplicando: todas as energias se unindo em direção ao mesmo alvo. Na sinergia, o todo é maior que a soma das partes, e a aritmética tradicional é modificada:

1+1= 4

O Universo é todo construído sinergicamente. Todas as vezes em que dois ou mais cérebros se reúnem num espírito de cooperação e respeito, comunicando-se e deixando fluir a intuição, esse fenômeno natural é manifestado. O único caminho para evitarmos a destruição ecológica em nosso planeta é aprendermos a trabalhar sinergicamente. O segredo não é fazer mais com mais. O que temos urgência em aprender é como fazer mais com menos.

(In: *O sucesso não Ocorre por Acaso*, Dr. Lair Ribeiro, Editora Objetiva, Rio de Janeiro, 1993.)

NICHOLSON (Jack) - Ator norte-americano famoso. Atuou em vários filmes que fizeram muito sucesso. É considerado um lendário conquistador e contestador. Surgiu com destaque na década de 70. Em 1971, atuou como diretor no filme: *O Amanhã Chega Cedo Demais.* Desempenhou importante papel no filme: *Chinatown* e foi ganhador do *Oscar* pelo papel desempenhado na película: *Um Estranho no Ninho.* (1937-)

"Quem reclama atenção constante é porque não se sente bem consigo próprio e não se autovaloriza."

Tenha confiança em si mesmo

Norman Vincent Peale

Tenha confiança em si mesmo! Tenha confiança em suas aptidões! Sem uma confiança simples, porém sólida, em sua própria força, você não poderá ser coroado de êxito nem ser feliz. Terá, porém, sucesso se tiver a necessária confiança em si mesmo. A sensação de inferioridade e de inaptidão costuma intervir na materialização de nossas esperanças, mas, se tivermos confiança em nós mesmos, atingiremos nossos objetivos. Dada a importância dessa atitude mental, este livro auxiliará você a ter fé e a libertar a sua força interior.

É contristador notar o número de pessoas que se vêem prejudicadas e infelizes em virtude desse mal que, popularmente, se designa por complexo de inferioridade. Mas você não tem necessidade alguma de sofrer desse mal; pode vencê-lo mediante certas medidas, podendo desenvolver, em si mesmo, uma fé criadora — uma fé que justifica.

Após falar perante uma convenção de homens de negócios, no auditório de uma cidade, estava eu ainda no palco cumprimentando algumas pessoas, quando se acercou de mim um homem, presa de viva emoção. Perguntou-me se podia falar comigo a respeito de uma questão importante que o atormentava.

Pedi-lhe que esperasse até que todos saíssem. Quando isso se deu, fomos sentar-nos nos bastidores do palco.

— Estou nesta cidade para tratar de um negócio, o mais importante de minha vida, explicou. Se eu for bem sucedido, será minha felicidade. Se fracassar, serei um desgraçado.

Sugeri-lhe que se acalmasse um pouco e não encarasse a questão sob um aspecto, assim, tão desanimador. Se fosse coroado de êxito, seria naturalmente esplêndido. Se não o fosse, bem, começaria novamente a vida.

— Falta-me confiança em mim mesmo, murmurou ele com desalento. Não tenho confiança em mim, nem creio que possa adquiri-la. Sinto-me deprimido, completamente sem coragem. Realmente — lamentou — sinto-me prestes a naufragar, e dizer que estou com quarenta anos de idade! Por que me vejo sempre atormentado por essa sensação de inferioridade, por essa falta de confiança e essa descrença constante? Ouvi sua conferência esta noite, o que o senhor falou sobre o poder do pensamento positivo e desejo perguntar-lhe como poderei adquirir essa confiança em mim mesmo.

— Há certas medidas a tomar, respondi. Em primeiro lugar, é importante descobrir porque tem essa sensação de que não tem poder algum. Isso requer análise e levará tempo. Devemos sondar os males de nossa vida emotiva, do mesmo modo que o faz um médico ao procurar descobrir algo que, fisicamente, esteja mal. Não se pode fazer isso, imediatamente, nesta nossa curta entrevista de hoje. Talvez o seu caso exija certo tratamento para que se possa conseguir uma solução permanente.

Contudo, a fim de que o possa auxiliar no problema que o preocupa, vou dar-lhe uma fórmula que surtirá efeito se a usar.

"Quando estiver na rua, sugiro que repita certas palavras que lhe vou dar. Diga-as várias vezes depois de deitar. Quando acordar amanhã cedo, repita-as três vezes antes de se levantar. Quando estiver a caminho para ir tratar do seu importante negócio, repita-as, novamente, três vezes. Faça-o com fé, que receberá força e aptidão suficiente para tratar do problema. Mais tarde, se quiser, poderemos analisar o seu caso básico. Independentemente do que poderá acontecer ao seguir esse estudo, a fórmula que lhe vou dar agora poderá, afinal, ser um grande fator na cura.

Eis as palavras que lhe recomendei: "Poderei fazer tudo com a ajuda de Cristo; Ele me dará forças." (Filipenses, 4:13.). Como o desconhecido não estava familiarizado com essas palavras, escrevi-as num cartão e mandei que as lesse três vezes em voz alta.

— Agora, siga esse conselho. Tenho certeza de que tudo correrá bem.

Ele se animou e quedou-se, um momento, em silêncio. Disse depois muito comovido:

— Está bem, doutor.

Vi-o empertigar-se e mergulhar nas sombras da noite. Sua figura, a princípio desconsolada, parecia demonstrar, agora, na maneira pela qual saiu, que a fé já estava operando no seu espírito.

Comunicou-me, posteriormente, que aquela fórmula simples lhe "fizera maravilhas" e acrescentou: "Parece incrível que umas poucas palavras da Bíblia pudessem fazer tanto bem a uma pessoa."

Esse homem mandou fazer, tempos depois, um estudo das razões de suas atitudes de inferioridade, as quais foram eliminadas por meio de conselhos de ordem científica e observância de fé religiosa. Aprendeu a ter fé; recebeu certas instruções específicas que deveria seguir. Adquiriu gradativamente uma forte, firme e razoável confiança. Não cessa de proclamar sua grande surpresa ao ver como as coisas lhe correm bem agora. Sua personalidade adquiriu um caráter positivo e não negativo, de modo que não mais afugenta o êxito; ao contrário, costuma atraí-lo para si. Possui agora verdadeira confiança em sua própria força.

(In: *O Poder do Pensamento Positivo*, Norman Vincent Peale, Editora Cultrix, São Paulo, 1994.)

“Somente correr não adianta. É preciso chegar a tempo.”

La Fontaine

(Escritor francês de fábulas.)

VOLTAIRE (François-Marie Arouet) - Filósofo, escritor e poeta francês. Foi um reformador envolvido, também, com a política. Era, por vezes, espirituoso e maldoso em suas críticas à Corte francesa. Devido a essas críticas esteve preso na Bastilha, prisão política muito temida na França. Segundo consta, o pseudônimo "Voltaire" foi adotado após sua saída da Bastilha. Escreveu muitas obras e entre elas, a mais famosa é *Candide*. (1694 -1778).

"

Uma coletânea de pensamentos é uma farmácia moral onde se encontram remédios para todos os males.

"

Afirmativas otimistas para o subconsciente

R. Stanganelli

1. Sei que ninguém é grande ou pequeno demais para não poder beneficiar-se com as boas coisas que Deus criou. Portanto, hoje terei o maior prazer em viver bem.

2. Neste dia que amanhece, quero despertar com energias positivas e reunir todas as minhas forças, seguindo em direção ao meu objetivo e lutar até vencer.

3. Compreendo o que Pitágoras disse: "O homem verdadeiramente bom é aquele que, mesmo podendo, não faz o mal."

4. Nada há melhor do que ser útil: esta virtude é o elo que nos prende às boas coisas da vida e gera o amor pelo exemplo.

5. Serei uma alma emancipada para compreender os mistérios de Deus e guiar a humanidade pelo melhor caminho — o Amor.

6. Hoje, agora e sempre terei o poder de Deus

para me guiar; portanto, o mal nada poderá fazer contra mim.

7. Descanso esta noite na onipotência de Deus. Terei um sono reparador e tranqüilo, para refazer minhas energias.

8. Desperto com saúde perfeita e vitalidada criadora para poder trabalhar neste maravilhoso dia em proveito geral, beneficiando o maior número de pessoas possível.

9. Por hoje e sempre, terei a sabedoria de Deus para ensinar-me, proteger-me, abrigar-me e defender-me de todos os males visíveis e invisíveis.

10. Confio nos meus irmãos de jornada. Sei que Cristo está no coração de todos os que pensam em mim, todos os que me falam, me lêem e me ouvem.

11. Todos os que têm consciência de sua unidade com Deus não perderão a vitória. Vencerão todas as barreiras e atrairão para si toda a riqueza de que necessitam.

12. É dever de todos nós proteger a criança contra o mal, ensiná-la a descobrir o bem onde estiver, e aproximá-la cada vez mais das boas coisas da vida e de Deus.

13. Não acredito em azar, não tenho superstição. Sei que de mim depende que eu seja melhor ou pior. Dentro de mim estão todas as riquezas do bem e não do mal. O mal é fruto exclusivo da ignorância.

14. Sei que os momentos passam e nós com eles. O que passou não voltará nunca mais. Portanto, hei de saber aumentar o meu saber em todas as dimensões, para tornar-me próspero e feliz, hoje e sempre.

15. Senhor, Tu que estás dentro de mim, acima de mim, perto de mim, longe de mim, envolvido em todo o meu ser — dá-me a confiança infinita para que meu ser se transforme em teu louvor — em tudo o que eu pensar, falar e realizar.

16. Neste dia, que o meu espírito seja puro, humilde, amoroso e nobre, para que eu possa permanecer em Ti eternamente.

17. Terei, hoje, um dia grandioso. Sei que o bom otimista não se queixa, não reclama, não critica, não humilha e nada teme. Portanto, sou feliz e crio maravilhas para o bem geral.

18. Hoje hei de aproveitar o máximo do tempo. Não dissipar energias com nulidades. Agir com vigilância e persistência, caminhando em direção ao sucesso sem vacilar um só segundo.

19. Compreendo agora que devo harmonizar-me com o Criador, para nada temer. Diante dos turbilhões de pensamentos, fazer seleção dos melhores e eliminar os negativos, definitivamente, acreditando em Deus sem vacilar .

20. Estou em harmonia com a vida, de onde flui abundância, saúde, amor, verdade, justiça, coragem e poder para um progresso consciente e universal.

21. Sei que o mal é tão velho quanto o mundo e não beneficia a ninguém. Portanto, só acredito no bem e num poder absoluto e criador, que protege a todos os que nele confiam.

(In: *A Bíblia do Otimismo,* R. Stanganelli, Tríade Editorial, São Paulo, 1981.)

R. STANGANELLI - Escritor, compositor e produtor musical. Tem mais de 21 livros e centenas de letras musicais publicados. É um humanista e cientista social. Sua grande missão tem sido ajudar o ser humano a auto-aperfeiçoar-se. Inspirado em Thomas Edison, fundou em São Paulo, a União Universal dos Otimistas. (1931 -).

"

Não deixe que as suas mágoas e decepções o dominem. Esforce-se para subir e elevar-se.

"

A felicidade não me acontece

Huberto Rohden

Tudo me pode acontecer, menos a felicidade, nem a infelicidade. A felicidade e seu contrário não são produtos de circunstâncias externas, mas sim criação do meu ser interno; nascem das profundezas do meu centro cósmico, divino, eterno. Queixar-se de injustiças alheias é pura cegueira e ignorância; porquanto ninguém me pode fazer mal a não ser eu mesmo, pelo abuso do meu livre-arbítrio. O meu livre-arbítrio é a chave para o céu e para o inferno, para o ser-feliz e para o ser-infeliz — é a onipotência divina em mim.

Eu habito num castelo inexpugnável.

As portas do meu castelo encantado não abrem pelo lado de fora — só abrem pelo lado de dentro. Se eu abrir as portas do meu baluarte e for invadido pelo inimigo — de quem é a culpa?

I am the captain of my soul...[1]

Circunstâncias externas podem, sem dúvida, facilitar ou dificultar o exercício do meu livre-arbítrio — mas nunca o podem forçar nem impedir; em

[1] Eu sou o capitão da minha alma (N.do E.)

última análise, eu sou o autor da minha vitória ou da minha derrota. O meu livre-arbítrio é a onipotência de Deus em mim. Na zona do meu livre-arbítrio cessa a lei férrea da causalidade automática; aí impera a causalidade espontânea da "gloriosa liberdade dos filhos de Deus". No plano da causalidade, como bem diz a ciência, nada se cria e nada se aniquila, tudo se transforma apenas; mas nas alturas da liberdade algo se cria e algo se aniquila; aí o homem é realmente autor de algo antes inexistente, ou destruidor de algo existente.

(In: *Roteiro Cósmico*, Huberto Rohden, Editora Martin Claret, São Paulo, 1985.)

GOLDSMITH (Oliver) - Médico e escritor irlandês, nascido em Pallas. Seus primeiros escritos, e que lhe deram fama, foram as *Cartas Chinesas*. Sua obra-prima é: *O Vigário de Wakefield*. Em 1764 escreveu o poema de tema filosófico: *O Viajante*. Escreveu também, algumas comédias, criticando o que ele considerava "falso sentimentalismo" da época. Em 1770 escreveu outro poema: *A Aldeia Abandonada*, abordando o tema social e, segundo consta, com este gênero, Goldsmith deu início à tradição literária que levaria aos temas sociais da literatura moderna. (1728 -1774).

"

A nossa glória não está em nunca termos caído, mas sim, em nos levantarmos sempre que caímos.

"

Saltando para fora do aquário

Dr. Lair Ribeiro

Imagine um copo com água pela metade. Se eu perguntar a várias pessoas o que estão vendo, alguns dirão que é um copo metade cheio, outros um copo metade vazio. O copo é exatamente o mesmo, mas a percepção é diferente. Por isso, o que conta não é o que acontece, mas sim como você interpreta e reage ao que acontece.

Estrela do Sucesso

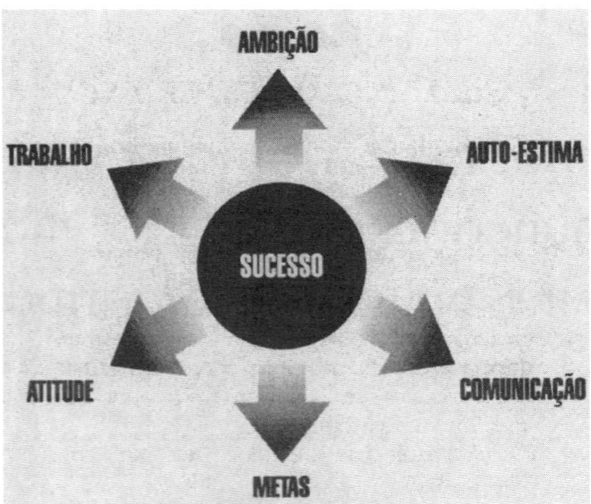

Se eu levar um cachorrinho a uma sala de aula, os que gostam de cachorros dirão: "interessante... um curso de expansão mental com um cachorrinho na sala". Já o pessoal que detesta cachorro dirá: "que coisa de mau gosto, trazer um cachorro para a sala". Não foi o cachorro que criou um ambiente diferente; a sua interpretação é que é diferente.

Na estrela do sucesso (figura da página anterior), uma das pontas é a Atitude. É muito importante para a nossa felicidade a atitude que temos em relação ao que ocorre conosco na vida. Isto porque o que conta não é exatamente o que acontece, mas sim o modo como nós respondemos ao que acontece conosco.

A vida nos apresenta momentos alegres e momentos tristes. A maneira como aproveitamos cada um desses momentos depende só de nós próprios. Quando a vida lhe apresentar um limão, faça dele uma limonada. Esta é a atitude dos indivíduos bem-sucedidos.

Nos cursos que ministramos, não trabalhamos com terapia, mas com mudanças de PARADIGMAS, o que vai muito além de uma terapia: é a tecnologia do século XXI.

Paradigma é um tema muito importante e vamos explicá-lo de várias formas.

Paradigma é a forma como você percebe o mundo. No entanto, ele está para você da mesma forma como a água está para o peixe. O peixe não sabe que está dentro dela até que o tirem para fora. Esta definição é de Adam Smith, que diz também: "Paradigma nos explica como é o mundo e nos ajuda a predizer seu comportamento."

Vamos exemplificar alguns paradigmas.

No Alasca, na primeira noite o visitante tem que dormir com a mulher do anfitrião. A recusa a isso é considerada como uma afronta: "Você acha minha mulher feia? Tem medo de pegar doença?", diria o nativo do Alasca. Já nos países árabes, entretanto, olhar para o rosto de uma mulher é crime. Qual a atitude certa? Depende do seu paradigma. Os romanos, quando iam jantar na casa de alguém importante e comiam galinha, jogavam os ossos para trás: isto significava que o anfitrião era rico o bastante para ter empregados que limpassem o local. Se você fizer isso nos dias de hoje, será considerado louco.

Nos Estados Unidos, os filhos de pessoas ricas, aos 16 anos de idade, já estão trabalhando, seja em postos de gasolina, como garções ou qualquer outro emprego do tipo; essa situacão é considerada absurda no Brasil. O americano aprende desde cedo a mudar de paradigma, a ser versátil. Ele muda de profissão cinco vezes, em média, durante a vida. Muda 3 vezes de casa. Isto o faz pensar de forma diferente.

(In: *O Sucesso não Ocorre por Acaso*, dr. Lair Ribeiro, Editora Objetiva, Rio de Janeiro, 1993.)

“Não arriscar nada é arriscar tudo.”

Al Gore

(Escritor e político norte-americano)

Pensamentos positivos

Willian Shakespeare

Não é digno de saborear o mel aquele que se afasta da colméia com medo das picadelas das abelhas.

* * *

Quando o mar está tranqüilo, todos os pilotos navegam com igual maestria...

Mas, ao ser vítima dos golpes profundos do infortúnio,

Só uma grande alma pode sofrer sem se queixar...

* * *

A experiência nos ensina que a humanidade é a escada de que se serve a ambição para atingir o fim desejado. Desde que chega ao cimo, ela volta as costas à escada, dirige o seu olhar para os céus e desdenha dos humildes degraus que serviram para a sua ascensão.

* * *

Os verdadeiros amigos não são aqueles que nos enxugam as lágrimas, e sim, aqueles que não as deixam cair.

HUBERTO ROHDEN - Filósofo e educador brasileiro. Nasceu na cidade catarinense de Tubarão. Escreveu cerca de 50 obras sobre religião, ciência e filosofia. Em Princeton, conheceu Einstein, quando lançou os alicerces para o movimento mundial da Filosofia Univérsica. É biógrafo de Einstein, Pascal, Gandhi, Jesus de Nazaré, Paulo de Tarso entre outros. Seu livro mais conhecido é *De Alma para Alma*. (1893 -1981).

"

Sem o encontro consigo mesmo nenhum homem realizará o seu encontro com Deus.

"

De patinho feio a cisne encantado

Dr. Ômar Souki

Diante de uma experiência tão forte como a morte de um ente querido, duas pessoas podem ter reações totalmente distintas. Um mesmo fato pode significar coisas diferentes, dependendo da moldura pré-estabelecida pela experiência cultural. Na cultura ocidental e em várias outras, quando alguém morre é motivo de luto, tristeza e desespero por parte dos parentes. Mas, em algumas culturas indígenas a morte é sinônimo de vida nova, e os funerais são momentos alegres e festivos.

Quanto mais sedimentados forem esses padrões culturais, menos flexível é a pessoa. Você deve conhecer algumas pessoas que se movimentam pela vida estritamente dirigidas por esses moldes culturais. Para a maioria dos eventos, elas já possuem uma reação pré-determinada. Elas deixam pouco espaço para a criatividade, preferindo ter mais segurança do que liberdade. A mudança, o novo, o arriscado são vistos com grande desconfiança. E a experiência de viver, para essas pessoas, passa por um denso filtro cultural. Elas se assustam com as grandes transformações do mundo contemporâneo.

Mas você já sabe que as mudanças continuarão

ocorrendo e cada vez num ritmo mais acelerado. Passamos milhares de anos cultivando a terra como forma básica de subsistência, mas a Era da Indústria não chegou a completar dois séculos e já estamos em plena Era da Informação. A cada quatro anos, o conhecimento da humanidade dobra e, a partir do ano 2000, dobrará em menos de 20 meses. Portanto, quanto maior for nossa abertura para mudanças, melhor nos adaptaremos ao mundo do futuro. Não só teremos condições de entender melhor o mundo, mas de viver de forma mais produtiva e saudável.

Você já conhece a fábula do patinho feio, que era feio apenas enquanto vivia com os patos. Quando cresceu, percebeu que era um cisne, muito mais belo que os patos com quem se comparava antes. O que mudou? Seu contexto de comparação. A resignificação ou reestruturação é a habilidade de colocar um evento corriqueiro dentro de uma moldura mais útil ou prazerosa. Por isso, é um dos elementos básicos da criatividade.

O inventor da máquina de costura passou, por muito tempo, tentando inventar uma máquina que utilizava uma agulha comum de costurar, isto é, uma agulha onde a linha passava pela extremidade menos afiada. Depois de um sonho, durante o qual era atacado por selvagens que portavam lanças perfuradas, ele conseguiu resolver a questão. As lanças estavam perfuradas justamente nas pontas. Daí ele passou a utilizar-se de agulhas com orifícios nas pontas. Do contexto do sonho ele passou para sua realidade e inventou a máquina de costurar.

A reestruturação é algo que faz parte do cotidiano dos grandes seres. Napoleon Hill perguntou a Thomas Edison se sua surdez não lhe trazia dificuldades no seu trabalho de inventor, ao que ele respondeu "Muito pelo contrário; a surdez me ajudou bastante. Poupou-me ter que ouvir muitas conversas inúteis entre homens que não sabiam sobre o que estavam falando e ensinou-me a ouvir a voz interior."

Gandhi transformou a não-violência em sua arma mais poderosa. Ao propor para si mesmo e para mais de 100 milhões de seguidores que poderia vencer o maior exército da época sem usar armas, Gandhi fez uma magnífica resignificação. Ele acreditava que, quanto mais feroz fosse a agressão dos soldados ingleses, maior ainda teria de ser a capacidade de não-violência do povo indiano. Com a desobediência civil e a resistência pacífica, levou a Índia a libertar-se do jugo britânico.

Gandhi convenceu seu povo de que a visão de mundo ocidental não se adaptava a realidade da Índia. Era necessário reafirmar sua própria realidade. Nas palavras de Gandhi, "... devemos reconhecer que competir com as nações ocidentais, nos termos delas, é um convite ao suicídio. Mas, se compreendermos que, apesar da aparente supremacia da violência, é a força moral que governa o universo, devemos, então, nos dedicar à não-violência com uma fé total em suas possibilidades ilimitadas".

Dependendo do contexto, o rosnado de seu cão pode significar coisas diferentes. Por exemplo, se você escuta o barulho durante o dia enquanto ele está brigando com o cão do vizinho por um pedaço de osso, você resolve facilmente o problema, dandolhe um osso maior do que o do vizinho. Depois volta sua atenção para suas tarefas rotineiras. Mas se, no meio da madrugada, você está sozinho em casa e escuta o rosnado constante de seu cão, isso pode significar algo completamente diferente.

O mesmo ocorre com todas as nossas experiências. Elas só fazem sentido dentro de determinados contextos ou molduras. Se mudarmos a moldura, muda o significado da vivência.

(In: *Acorde! Viva seu Sonho*, Dr. Ômar Souki, Editora Eko, Blumenau, 1985.)

JOÃO PAULO II (Karol Wojtila) - Atual Papa da Igreja Católica, eleito em 1978. Fluente em mais de uma dezena de idiomas, o que tem facilitado sua comunicação com as lideranças eclesiásticas de todo o mundo. É líder espiritual de cerca de um bilhão de católicos. Tem personalidade carismática e goza de grande popularidade. Nasceu na Polônia. Já viajou por vários países do mundo, desde que se elegeu Sumo Pontífice. Escreve muito. Já publicou 12 encíclicas, até o momento e, consta que as bulas e cartas papais, sermões e discursos já somam 150 volumes que deixará como legado para a posteridade. (1921-).

“

Não é possível um verdadeiro progresso na sociedade se faltar um profundo sentido de solidariedade entre todos.

”

A regra mais importante da nutrição espiritual: comer pouco !!!

Dr. Gabriel Cousens

Moisés Maimonides (1135-1204 a.C.), grande escolástico e um dos curandeiros judeus mais celebrados, ensinou que "comer demais é como um veneno mortal para qualquer constituição, sendo a causa principal de todas as doenças".

Sai Baba, de Shirdi, um grande santo muçulmano-hindu do início dos anos de 1900, sempre aconselhou a "comer simploriamente e pouco".

Paavo Airola ensinou que "comer pouco sistematicamente é o segredo número um da saúde e da longevidade. Por outro lado, comer demais, mesmo que comidas saudáveis, é uma das causas principais das doenças e do envelhecimento precoce".

No livro *Essene Gospel of Peace, Book One,* Jesus disse: "E quando comerdes, nunca comais até ficardes cheios. Evitai as tentações de Satanás, e escutai a voz dos anjos de Deus. Pois Satanás e o seu poder sempre vos tentam a comer mais e mais. Mas vivei pelo espírito e resisti aos desejos do corpo. E o vosso jejum será sempre prazeroso aos olhos dos anjos de Deus. Então prestai atenção à quantidade que vós comestes quando ficastes saciados, e comai sempre um terço menos."

Minha própria consciência de comer pouco foi elevada quando trabalhei como médico na Índia. Aos domingos, normalmente havia um banquete, e com a mesma regularidade nas segundas, terças e quartas-feiras as pessoas chegavam com diarréia e disenteria. Elas ficavam fracas, desconfortáveis, tinham suas vidas desorganizadas e sentiam dificuldade em meditar, como resultado do seu mal-estar.

Existe um velho provérbio árabe que diz: "Ao comer, ficamos doentes, e ao digerir ficamos saudáveis." Se estamos muito fracos para assimilar as forças e os organismos dos nossos alimentos, eles nos superam. Aqueles que costumavam comer muito pouco em tais banquetes normalmente não ficavam doentes, porque havia menos comida e menos forças bacterianas e parasitas a vencer. Este é um dos segredos de não ficar doente em viagens.

Uma das razões mais práticas para comer pouco é que se torna difícil meditar se nossa energia ainda está envolvida na digestão dos alimentos. Isto é verdadeiro principalmente quando queremos levantar cedo de manhã para meditar, tendo comido demais na noite anterior. Descobri também que, mesmo enquanto estava em um ciclo de meditação de seis horas por dia e desde que comesse pouco, o alimento à minha disposição (vegetais cozidos e *chapatis*, um pão achatado) não esgotava minha energia de meditação de maneira alguma. Esta regra tem primazia sobre todos os outros conselhos dietéticos. Isto não significa que podemos fazer uma dieta de comer poucos alimentos ruins e não esgotar nossa energia. Se os alimentos crus, integrais, orgânicos estão disponíveis, ainda são a escolha para otimizar nossa dieta para a vida espiritual.

(In: *A Dieta do Arco-Iris*, Dr. Gabriel Cousens, Editora Record, Rio de Janeiro, 1995.)

VINCENT PEALE (Norman) - Pastor e escritor norte-americano, nascido em Ohio. É conhecido nos Estados Unidos como ministro de "milhões de ouvintes" e doutor em "terapêutica espiritual". Autor de mais de duas dezenas de livros e entre eles: *O Poder do Otimismo* e o *best seller* mundial: *O Poder do Pensamento Positivo*. Grande pregador espiritual, propagava seus ensinamentos através do rádio e da televisão. (1898 -1991).

"

O pensamento positivo e a fé em Deus produzem, de fato, resultados proveitosos por mais difíceis que as coisas possam parecer.

"

Recusar — abusar — usar

Huberto Rohden

Recusar é uma atitude preliminar necessária para poder usar corretamente, sem abusar.

O homem profano abusa.

O homem virtuoso recusa.

O homem sábio usa.

O celibato de Gandhi, diz Tagore, é antes budismo que brahmanismo, é mais virtude que sabedoria.

O homem sábio deve ser capaz de usar tudo, sem recusar nada e sem abusar de nada.

Mas... é melhor recusar do que abusar. E quem não é assaz forte para usar sem abusar, faz bem em recusar.

Muitos abusam.

Alguns recusam.

Poucos usam.

(In: *Roteiro Cósmico*, Huberto Rohden, Editora Martin Claret, São Paulo, 1985.)

ABRAHAM LINCOLN - Estadista norte-americano, nascido em Kentucky. Em suas tentativas para ocupar cargos políticos, foi derrotado várias vezes, mas, perseverante, não desistiu. Ocupou uma cadeira na Câmara dos Deputados e foi eleito Presidente dos Estados Unidos, por duas vezes, sendo que na segunda vez, não chegou a terminar o mandato porque foi assassinado. Foi, também, um dos maiores defensores da causa abolicionista. Originário de família humilde, segundo consta, Lincoln tinha um temperamento mesclado de bom-humor e humildade, fatores que aliados à competência transformaram-no em um dos mais estimados estadistas dos Estados Unidos. (1809 - 1865).

"Faço o melhor que sei, o melhor que posso, e o faço até o fim. Se ao final deu tudo certo, não importa o que dizem contra mim."

Obtenha o necessário para enfrentar o que vier

Norman Vincent Peale

Encaremos o fato: para viver neste mundo em que vivemos é preciso ser forte. Sem força seremos esmagados, ou, pelo menos, amarrotados. Se tal afirmação lhe parecer inclinar-se um tanto para o lado sombrio, faça a lista de todas as coisas que acontecem às pessoas: dores, doenças, frustrações, acidentes, desapontamentos, malogros, traições, para citar apenas algumas.

Cada um de nós deve aprender como obter o necessário para enfrentar tudo isso. Se ainda não fomos atingidos, seremos, eventualmente. Algo nos atingirá, a determinado tempo, e, a não ser que tenhamos desenvolvido alguma autêntica resistência interior, ficaremos abalados. Portanto, consideremos quais as fontes de energia de que você e eu precisamos.

A primeira coisa é desenvolver alguma resistência interior, boa e real. Resistência interior, resistência de ânimo, eis a qualidade a que devemos dar prioridade, pois que, efetivamente, neste mundo há dois tipos de pessoas: as de ânimo fraco e as de ânimo resistente. As de ânimo fraco não podem enfrentar o que vem. A crítica derrota-as rapidamente, ferindo-as e magoando-as de maneira terrível. Os problemas e obstáculos apavoram-nas, a adversidade e a oposição as acabrunham. Pobres, infelizes criaturas, as de ânimo fraco!

Existem também, entretanto, as de ânimo resistente. Não gostam da crítica, como ninguém gosta. Mas sabem recebê-la e tratar com ela. Extraem da crítica, cuidadosamente, o que ela tiver de aproveitável, e simples é o gesto com que sopram para longe o refugo.

Os problemas e obstáculos servem-lhes apenas como desafio, e sentem-se de todo tranqüilas diante da adversidade e da oposição. São grandes pessoas, as notáveis e inspiradas donas de ânimo resistente. Tornaram-se fortes, interiormente. Possuem o necessário para enfrentar o que vier.

Faça um exame profundo de sua própria pessoa, e encontrará, no âmago de sua personalidade, a resistência que o Criador ali colocou, quando lhe deu vida. Sabia Ele muito bem que coisas teria você de enfrentar nesta existência, e o criou à altura dessas dificuldades, de todas as dificuldades. Você é, realmente, mais resistente do que supõe. Se não exercitou seus "músculos" espirituais, eles, sem uso, tornaram-se brandos, como qualquer músculo sem uso se tornaria, é natural. Conforme sua resistência básica for reativada pelo uso, ela se desenvolverá e se tornará mais forte.

Contaram-me que Frank Leahy, em tempos de instrutor em Notre-Dame e criador de alguns quadros de futebol de primeira grandeza, escreveu um dístico no vestiário dos jogadores, em letras gigantescas. Esse dístico era a última coisa que os atletas viam, ao saírem para o campo em seu passo cadenciado: "QUANDO O CAMINHO SE FAZ RESISTENTE, FAÇA COM RESISTÊNCIA O CAMINHO." Escreva esse pensamento em grandes letras no seu campo mental, e o que houver de resistência em você realmente fará o caminho, e continuará a fazê-lo quando as circunstâncias se mostrarem difíceis.

É possível que o mundo tenha sido feito assim, cheio de problemas e dificuldades, para trazer à tona essa qualidade de resistência dos seres humanos. Que está tentando Deus Todo-Poderoso fazer conosco? Deve haver algum propósito, quando não, tudo não passa de imensa e sombria piada, nem por isso tão engraçada assim. Fico a cogitar se o Seu propósito não será o de fazer pessoas fortes, controladas, que possam manejar tão bem a vida na terra a ponto de merecerem a vida eterna. Se não é assim, por que, então, criou-nos Ele à Sua Imagem e semelhança? Fez isso, seguramente, na expectativa de que, ao fim, possamos ser iguais a Ele. Isso quer dizer que, além de possuir amor e bondade, devemos ser fortes, realmente fortes.

Uma forma de cultivar nossa quantidade em potencial de forte resistência de ânimo, é simplesmente, manter um quadro mental, firme, de nossa própria pessoa como possuidora de tal qualidade. Exercite "ver-se" não como pessoa fraca, insípida e vacilante, mas forte, controlada, resoluta. A tendência será de tornar-se exatamente aquilo que você imaginar.

Para auxiliá-lo a visualizar-se em termos desse forte esquema mental, sugiro que use, diariamente, a seguinte afirmação:

"Deus me fez forte. Vejo-me como realmente sou — forte. Com a ajuda de Deus não sou fraco, e sim, forte. Tenho o necessário para enfrentar o que vier. Graças dou a Deus pela minha força."

Continue dizendo isso, acreditando nisso. Continue praticando o que diz, também, e, no tempo preciso, sua mente consciente aceitará essa afirmação como um fato. Desde que a força se torne estabelecida com firmeza em seu subconsciente, ela se tornará característica determinante de sua personalidade, pois você é o que sua mente subconsciente, de fato, acredita que seja.

(In : *O Poder do Otimismo,* Norman Vincent Peale, Editora Cultrix, São Paulo, 1975.)

“

O hábito da leitura é o mais fascinante dos vícios. É nas páginas de um livro que podemos viajar sem sair de casa e conhecer a alma humana.

”

Márcia Kupstas
(Escritora paulista)

O grande homem

Paulo Lotufo

Mantém o seu modo de pensar independentemente da opinião pública.

É tranqüilo, calmo, paciente, não grita nem desespera.

Pensa com clareza, fala com inteligência, vive com simplicidade.

É do futuro, e não do passado.

Sempre tem tempo.

Não despreza nenhum ser humano.

Causa-lhe a impressão os vastos silêncios da Natureza: o Céu.

Não é vaidoso.

Como não anda à cata de aplausos, jamais se ofende.

Possui sempre mais do que julga merecer.

Está sempre disposto a aprender, mesmo das crianças.

Vive dentro de seu próprio isolamento espiritual, aonde não chega nem o louvor nem a censura.

Não obstante, seu isolamento não é frio: ama, sofre, pensa, compreende.

O que você possui: dinheiro, ou posição social, nada significa para ele. Só lhe importa o que você é.

Despreza a opinião própria, tão depressa verifica o seu erro.

Não respeita usos estabelecidos e venerados por espíritos tacanhos.

Respeita somente a verdade.

Tem mente de homem e coração de menino.

Conhece-se a si mesmo, tal qual é, e conhece a Deus.

(In: *Sabedoria Universal*, Paulo Lotufo, Editorial Brasipal, São Paulo, 1980.)

MARIE CURIE - Cientista polaca que se destacou na Química e Física, cujo nome de solteira era Marie Sklodowska. Estudou na Sorbonne e se radicou definitivamente em Paris. Casou-se com o francês Pierre Curie, também cientista (Físico). Marie e Pierre Curie foram os descobridores do elemento químico Rádio e da Radiologia, considerada a mais importante descoberta da ciência moderna. Entre as muitas condecorações que receberam, figura o Prêmio Nobel de Física, recebido em 1903. Em 1911, Marie recebeu — sozinha — o Prêmio Nobel de Química. Nessa época, Pierre já havia morrido. Marie foi a primeira mulher a se tornar professora universitária na França, ocupando a cátedra de Física. (1867 -1934).

“

Nada na vida deve ser temido, só compreendido.

”

Matemática cósmica

Huberto Rohden

Há uma matemática cósmica, que funciona com absoluta precisão. O problema está em descobrir e aplicar essa matemática.

As palavras de Jesus, não consignadas pelo Evangelho, mas citadas por Paulo de Tarso, "Há mais felicidade em dar do que em receber", resumem essa lei do Universo.

Quando o homem chega ao ponto de não mais querer receber nada do mundo e da humanidade, mas tão-somente dar, dar, dar — então acontece esse fenômeno paradoxal verdadeiro: quanto mais o homem dá tanto mais ele tem — e quanto menos dá menos tem.

No plano dos finitos, que o ego conhece, a matemática do dar implica em *perder* — mas no plano do Infinito, que o Eu saboreia, a matemática do dar implica em *ganhar*. No último caso, o dar se processa na *horizontal* dos finitos — mas o receber vem da *vertical* do Infinito.

Se o homem dá algo ao mundo ou à humanidade, com o secreto desejo de receber deles outro tanto, ou mais, age de um modo fundamentalmente errôneo, embora aprovado pela matemática-mirim dos egoístas; porquanto, dar aos outros para deles receber é puro egoísmo, é visceralmente esterilizante e destruidor, cedo ou tarde esse egoísta, manifesto ou clandestino, sofrerá o impacto negativo da sua falsa atitude. As leis cósmicas não admitem burla.

Para que o homem possa realmente dar, dar com 100% de pureza e sinceridade, deve ele dar incondicionalmente, renunciando a qualquer desejo, secreto e secretíssimo, de receber algo em retribuição, da parte do mundo ou dos homens — mesmo que esse algo seja apenas louvor, aplauso, reconhecimento, gratidão, ou a grata esperança de se espelhar nos resultados palpáveis das suas obras. Tudo isto é impureza, disfarce, camuflagem, insinceridade, secreta pecaminosidade anti-cósmica — e as leis cósmicas não cooperam com nenhuma atitude anti-cósmica.

E é precisamente aqui que está o *pivot* do problema: dar com 100 de pureza e desinteresse! Haverá entre 1000 doadores, um só, dessa natureza?

Essa atitude de absoluto desinteresse pessoal significa onipotência, porque, quando os canais do ego estão realmente desobstruídos e puros, é matematicamente certo que as águas vivas da vida eterna fluem espontaneamente através deles, realizando no homem todas as coisas antes impossíveis.

Francisco de Assis, Dom Bosco, Mahatma Gandhi, e muitos outros — sem falar do próprio Cristo — são provas desta verdade.

Mas, como pode alguém dar sempre e não se esgotar nunca?

É que esse *dar* na horizontal dos Finitos correspondente a um *receber* na vertical do Infinito, e, como o Infinito não é a soma total dos Finitos, aquele nunca se esgota nem diminui com a irradiação destes. A matemática cósmica garante que o jubiloso doador horizontal seja sempre um inesgotável recebedor vertical; quanto mais liberalmente o homem dá, doa, distribui às criaturas, tanto mais abundantemente recebe ele do Criador, e, como o receber é do Infinito para o Finito, ao passo que o dar é do Finito para os Finitos, é rigorosamente lógico que esse doador seja um milionário de recebimento; recebe em *qualidade* e distribui em *quantidade*, e, como a soma total das quantidades não afeta a qualidade, é certo que esse doador de Finitos e recebedor do Infinito, é invariavelmente um grande possuidor, um milionário qualitativo.

Pensar que esse receber do Infinito seja egoísmo, é absurdo. O doador não dá em quantidade com o fim de receber em qualidade; dá incondicionalmente; mas existe uma lei cósmica, inexorável, que enche com qualidade a quem se esvazia em quantidade, e essa lei funciona infalivelmente, quer o homem o saiba, quer não o saiba. Ninguém pode ser, realmente, bom sem ser enriquecido.

Por vezes, esse enriquecimento espiritual se manifesta no plano material; por vezes, o milionário de bens divinos se torna também milionário de bens humanos — mas isto, apenas, lhe acontece por concomitância ou transbordamento, como que à sua revelia. Esse enriquecimento material não é efeito necessário da riqueza espiritual, como pensam certas filosofias pragmáticas modernas; é apenas uma espécie de sombra casual que acompanha a luz.

Se alguém tentasse ser, espiritualmente, rico a fim de se tornar, materialmente, próspero, agiria contra o espírito da matemática cósmica, subordinando o *fim espiritual* aos *meios materiais*; isto não seria "procurar primeiro o reino de Deus e sua justiça", mas sim, em segundo lugar; e, por isto, as "outras coisas" não lhe seriam dadas de acréscimo; estas "outras coisas" correm somente atrás daquele que não corre atrás delas.

Libertação de qualquer espécie de escravidão é o requisito necessário e indispensável para que a matemática cósmica do Universo funcione em toda a sua plenitude.

(In: *Roteiro Cósmico*, Huberto Rohden, Editora Martin Claret, São Paulo, 1985.)

HENRY JAMES - Escritor norte-americano. Filho do, também escritor, Henry James e irmão do filósofo e psicólogo William James. Além de obras literárias escreveu mais de uma dezena de peças teatrais. Em 1910, foi homenageado com o grau honorário, pela Universidade de Harvard. Meses depois, recebeu o título de Doutor Honorário, em Oxford. Viveu muitos anos na Europa. Sua obra é considerada uma ponte cultural entre os dois continentes: Europa e América, pelo fato de ser ele, americano de nascimento, mas de formação cultural européia. Uma de suas obras importantes é: *Outra Volta do Parafuso*. (1843 -1916).

"

A grande maravilha é viver-sentir; ser cônscio de suas possibilidades; não passar pela vida mecanicamente como uma carta pelo correio.

"

Palco da Vida

R. Stanganelli

O espaço entre nascer e morrer terá que ser preenchido com a representação de um drama, que traz como título "VIDA".

Uns desempenham o papel de palhaços, mas como verdadeiros Artistas; outros, querendo ser Artistas, desempenham seus papéis como verdadeiros palhaços.

Na mesma exibição há mendigos que representam o papel de verdadeiros Reis, e há Reis que representam o papel como verdadeiros mendigos.

E assim continua o drama, cujos personagens vão mudando de tempos em tempos, mas a comédia, e suas variações dramáticas, é sempre a mesma. Os artistas desaparecem misteriosamente, um por vez, sendo que a última exibição de cada um é sempre a mesma — o encerramento das cortinas sobre a cena cujo nome é "MORTE"; algumas flores e um adeus de saudade.

A desconhecida sequência ficará na esperança oculta de enigmas misteriosos, que se processam na existência do Infinito.

E assim é o eterno drama da humanidade e dos séculos, que é exibido no "PALCO DA VIDA".

(In: *De Vencido a Vencedor*, R. Stanganelli, Tríade Editorial, São Paulo, 1980.)

TOLSTOI (Lev) - Escritor e filósofo russo, nascido em Iasnaia Poliana (Bosque Claro), extensa propriedade particular de sua aristocrática família. Escritor mundialmente conhecido que, transformou totalmente sua personalidade, quando resolveu dedicar-se à filosofia. Na velhice foi visitado por personalidades de todas as correntes de pensamento. Poetas, escritores e chefes de estado foram render homenagem ao nobre que renunciara aos bens terrenos para dedicar-se às obras de Deus. Entre os seus romances figuram *Guerra e Paz* e *Ana Carenina.* (1828-1910).

"

É vivendo sem medir o tempo passado ou futuro que se vive realmente, livre e sem preocupações.

"

Entesando e desentesando o arco

Huberto Rohden

É célebre, na filosofia oriental, a comparação do processo de iniciação espiritual com a atividade dupla do sagitário: entesar e desentesar o arco.

O arqueiro puxa a seta em direção a seu corpo, entesando ao máximo o arco flexível, simboliza o homem que pensa intensamente, pela força consciente do ego intelectual; quanto mais intensa for esta atividade mental do homem-ego, tanto mais longe pode, depois, voar a seta do homem-Eu.

Mas seria erro pensar que essa força do sagitário produzisse o poder volante da flecha; esse poder é produzido pela força inerente ao próprio arco retesado, está na flexibilidade e na lei física do centrifuguismo, que obriga a seta a voar na direção oposta à força muscular exercida pelo seteiro.

Temos, pois, duas forças em ação: uma, humana, muscular — outra, cósmica, universal. Para que a segunda força possa atuar devidamente, deve preceder a primeira, não como *causa*, mas como *condição*. Não é a força muscular do homem — o entesamento — que lança o projétil rumo ao seu alvo — mas é a força cósmica do arco — o desentesamento — que leva a flecha a seu destino.

Esta comparação é de uma extraordinária genialidade, quando devidamente compreendida e aplicada ao mundo superior. É necessário que o homem ponha em atividade dinâmica todas as suas forças conscientes; que desenvolva o seu ego personal até ao máximo; que desperte todas as suas potencialidades dormentes, físicas, mentais, emocionais. Esse desenvolvimento do ego é, inevitavelmente, egocêntrico, luciférico, podendo degenerar em feroz satanidade no caso que o homem se recuse a soltar a flecha rumo ao alvo cósmico, ultrapersonal, divino. O egoísta não erra em retesar o arco do ego, em desenvolver o poder da sua personalidade-ego — erra, peca, quando conserva o seu arco retesado, com a flecha junta ao coração, negando-se a soltá-la rumo ao Infinito, rumo ao grande Todo. Esse homem tem o devido amor-próprio, mas falta-lhe o amor-alheio, e, sobretudo, o amor-cósmico. Ama-se a si mesmo intensamente, mas não ama as outras criaturas, nem ama o Criador. Mantém a poderosa seta do amor bem junto ao coração, mantém o arco intensamente entesado, incapaz de o deixar desentesar-se — e por isto vive tenso, não-liberto, infeliz.

Mas, quando o homem enxerga nitidamente o alvo longínquo, em sentido oposto ao movimento entesante, então, depois de forte entesamento egocêntrico, passa ao desentesamento libertador, cosmocêntrico, rumo às criaturas, rumo ao Criador.

O homem ocidental é propenso ao entesamento máximo do arco, e, não raro, se contenta com esse egocentrismo.

O homem oriental, não raro, acha supérfluo entesar o seu arco, cultivar as coisas do ego, esperando que *Brahman* se encarregue de fazer voar o projétil.

O homem cósmico une os dois processos, egocêntrico e cosmocêntrico; entesa o arco da sua natureza humana, desenvolve todas as suas potencialidades — e depois põe esse seu Eu pleni-potenciário a serviço do Todo.

Também, que adiantaria pôr a serviço do Todo um Eu incompleto, semi-desenvolvido? O Todo necessita de um Eu plenamente maduro, totalmente "ele mesmo". Deve o homem confiar em si mesmo, no seu ego, como se tudo dependesse dele somente — e deve confiar no Todo, no Eu, como se tudo dependesse dele somente. O difícil é realizar essa grande síntese das duas antíteses...

Convém, pois, evitar dois erros:

1. O erro de não desenvolver devidamente o ego-consciente,
2. O erro de o desenvolver plenamente, mas não pôr ao serviço do Todo, do Eu divino.

No primeiro caso, o ego não cumpre a sua missão, de ser uma parte existencial, idônea, do grande Todo essencial; e, no entanto, esse Todo da Essência se revela necessariamente através das partes da Existência.

No segundo caso, o homem não ultrapassaria as barreiras do ego, da persona-máscara, culminando num poderoso Eu cósmico; não atingiria as alturas do indivíduo, do indiviso, da completa individualidade, indivisa em si, e indivisa do Todo.

Esse separatismo do ego, não integrado indivisamente no Todo, é a idéia fundamental do "pecado", de *Satã, diábolos,* palavras que significam, hostilidade.

Cumpre que todo homem entese ao máximo o arco do seu ego-consciente e depois o desentese e deixe a seta voar livremente ao seu grande destino cósmico. É este o velho problema da "fé" e da "graça". É este o sentido da sapiência oriental: "Quando o discípulo está pronto o Mestre aparece. "

(In: *Roteiro Cósmico,* Huberto Rohden, Editora Martin Claret, São Paulo, 1985.)

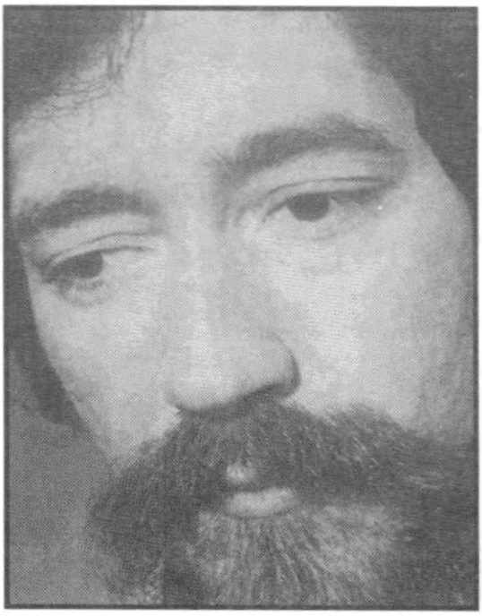

RAUL SEIXAS - Cantor e compositor brasileiro de *Rock*. Nasceu no Estado da Bahia. Cantor de muito sucesso, ganhou 3 discos de ouro. Deixou muitos fãs, agregados, até hoje, em volta dos fã-clubes. Entre suas inúmeras composições musicais, destaca-se a música: *Gita*. É considerado um ídolo. Após sua morte foi inaugurado o Parque Ecológico Cultural Raul Seixas (São Paulo) e foi criada a Oficina Cultural Raul Seixas, onde são ministrados cursos e outras atividades culturais (gratuitamente).(1945 -1989).

“

Prefiro ser esta metamorfose ambulante do que ter aquela velha opinião formada sobre tudo.

”

Onde o senhor pensa que está?

Autor anônimo

Um homem morreu e viu que se encontrava em um bonito lugar, cercado de todo o conforto que se podia imaginar. Então um sujeito todo vestido de branco se aproximou dele e lhe disse: "Você pode ter tudo o que quiser: qualquer alimento, qualquer tipo de prazer, qualquer espécie de entretenimento."

O homem ficou encantado e, durante dias seguidos, provou de todas as iguarias e teve todas as experiências com que havia sonhado na sua vida na Terra.

Um belo dia, porém, ficou enfastiado de tudo aquilo e, chamando o atendente, disse:

"Estou cansado disso tudo aqui. Preciso fazer alguma coisa. Que tipo de trabalho você pode me oferecer?"

O atendente balançou tristemente a cabeça e respondeu:

"Sinto muito, senhor. Mas isso é a única coisa que não podemos lhe oferecer. Aqui não existe nenhum trabalho para o senhor." Ao que o homem replicou: "Ah, isso é ótimo! Eu estaria bem melhor no inferno!"

E o atendente disse tranqüilamente: "E onde o senhor pensa que estamos?"

GOLDONI (Carlo) - Escritor cômico, italiano, do século XVIII, ligado ao teatro. Considerado um reformador da arte teatral. Segundo consta, embora tenha tido influência nas inovações que resultaram no teatro moderno, preservou algumas das características das personagens, da quase extinta, *commedia dell' arte*. Foi o primeiro a tentar sistematizá-la, elaborando fórmulas para não deixar o espetáculo, apenas, por conta do improviso. (1707-1793).

"O mundo é um belo livro, mas pouco útil para quem não o souber ler."

Fumaça e fogo

Huberto Rohden

Quando a fumaça se torna muito intensa e quente passa de preta ou cinzenta a ser branca, de branca se torna radiante, depois vítrea, ígnea — e, por fim, rompe em chama de fogo.

Assim, por vezes, os meus pensamentos humanos, conscientes, se tornam tão intensos que deixam de ser meus e passam a ser uma vibração do Infinito, radiação cósmica, inspiração divina. E então me sinto simples canal passivo, e não mais fonte ativa do meu pensamento, que deixou de ser meu, do meu ego consciente.

De *ego-pensante* me torno *cosmo-pensado*.

Vida, pensamento, intuição — estas coisas não são produzidas pelo homem, mas são substâncias do Infinito, radiação cósmica que o homem capta e canaliza, assim como a antena de um receptor capta as ondas de uma estação emissora, tornando-as audíveis ou visíveis através do receptor.

Todo pecado consiste no fato de o homem se considerar *fonte* em vez de simples *canal*. Só Deus é Fonte, ele, o Uno, o Único, o Todo.

O Universo é uma gigantesca estação emissora de Vida, Pensamento, Intuição. Basta que haja um Finito para captar algo da irradiação do Infinito — e aparecem as maravilhas da Vida, do Pensamento, da Inspiração.

Os pais não causam o filho.

O pensador não causa o pensamento.

O místico não causa a inspiração.

Todos recebem do Infinito, na medida da sua receptividade, e canalizam essa parcela do Todo, de acordo com a sua idoneidade.

Quem considera fonte, quando é apenas canal, ignora a sua função. Na natureza infra-humana nenhuma criatura se considera fonte, todas funcionam instintivamente como canais do Infinito, e por isto, na natureza, tudo é harmonia e beleza. Com o homem começa a possibilidade do grande erro, de considerar o seu canal como fonte — e isto é o pecado do ego, a grande *hybris*.

A redenção está em ultrapassar esse erro e entrar na zona da verdade, fazendo conscientemente o que a natureza faz inconscientemente: "As minhas obras não são minhas, mas são do Pai que em mim está... Eu de mim mesmo (do meu ego) nada posso fazer."

(In: *Roteiro Cósmico*, Huberto Rohden, Editora Martin Claret, São Paulo, 1985.)

HERÁCLITO - Filósofo grego. Faz parte da galeria dos pensadores denominados pré-socráticos. De seus pensamentos filosóficos, só chegaram à atualidade, os fragmentos. Também, não há muita informação escrita sobre sua vida. Segundo consta, devido a sua visão um tanto pessimista sobre a vida, recebeu o epíteto de "o obscuro." Supõe-se ter pertencido à aristocracia grega de Éfeso e que seus antepassados foram fundadores dessa cidade grega. (540 a.C - 470 d.C).

"As esperanças dos que pensam corretamente são realizáveis; as dos insensatos, irrealizáveis."

O mendigo João-Ninguém

R. Stanganelli

"É o indivíduo que não está interessado no seu semelhante quem tem as maiores dificuldades na vida e causa os maiores males aos outros. É entre tais indivíduos que se verificam todos os fracassos humanos."

Alfred Adler

O Mendigo João-Ninguém pediu auxílio a um sábio, que lhe perguntou:

— Você venderia seu braço direito por 200 mil reais?

Ele respondeu horrorizado:

— Claro que não!!!

Prosseguiu o sábio:

— Então venda-me o esquerdo por 100 mil reais!

— O senhor está louco?

Assim o sábio continuou com suas observações sobre as riquezas pessoais, às quais o mendigo não estava dando o menor valor. Depois de tê-lo convencido das inúmeras riquezas que possuía, o sábio retirou-se e o pedinte saiu gritando pela rua:

— Sou um homem rico! Sou um milionário!

Há pessoas que chegam ao extremo da miséria, simplesmente por não acreditarem em nada. Se não acreditam nem em si mesmas, como querem que outras pessoas passem a ajudá-las? Quando uma pessoa está descrente, fecha todos os canais de captação. A vida sadia não mais flui sobre si, e aí começam todas as desgraças: desemprego, doenças, desavenças, ódios, revolta, inveja e todos os males do mundo recaem sobre a pessoa que está nessa condição infeliz. Primeiro passo: nada de desespero. Segundo passo: começar a acreditar em alguma coisa. Terceiro passo: manter-se em estado de silêncio. Quarto passo: reconhecer que existe um Criador, que nos doou a vida, e grande parte das nossas necessidades estão sendo supridas de graça. Portanto, toda a infelicidade que estamos sofrendo é uma conseqüência de nossa ignorância e de nossos erros, dos quais, no fundo, estamos conscientes.

É essa a verdade que ninguém quer encarar. E nessa condição existem milhares de criaturas que, não só, estão definhando, mas estão também fazendo com que pessoas incautas e crianças inocentes sofram o reflexo de seus erros.

Volte a acreditar em Deus, e seja feliz e agradecido. Certo ?

(In: *A Bíblia do Otimismo*, R. Stanganelli, Tríade Editorial., São Paulo, 1981.)

FRANZ KAFKA - Escritor tcheco, nascido em Praga. Segundo consta, devido à saúde precária morreu, sem concluir algumas de suas mais extensas obras que, mesmo assim, foram traduzidas e publicadas, postumamente, tornando-o um escritor muito conhecido. Alguns autores comparam o estilo de Kafka ao do escritor russo Dostoievski. Entre suas obras mais conhecidas, incluem-se: *O Castelo*, *O Processo*, a *Metamorfose* e a sátira *América*. (1883 -1924).

“

Há dois pecados capitais, dos quais derivam todos os outros: a impaciência e a preguiça.

”

Quem Deseja Melhorar de Vida deve Adotar Frases como Estas:

"A vida é boa de se viver."
"A humanidade está evoluindo para o bem."
"O mundo é o nosso lar coletivo."
"Bem-aventurados os pobres."
"Os ricos e os pobres vão para o céu, depende da conduta de cada um."
"O trabalho me dignifica."
"O dinheiro é necessário."
"Estou aqui cumprindo minha missão."
"Meu destino é ser feliz no cumprimento da minha missão."
"A sorte sempre me acompanha."
"Com pensamentos positivos tudo dá certo."
"Se não tenho recursos, trabalhando, consigo-os."
"Sou sempre ajudado pelos meus amigos e pelas pessoas que me querem bem."
"Confio em Deus."
"Desejo um mundo de paz e alegria."

MARTIN CLARET - Empresário, editor e jornalista. Nasceu na cidade de Ijuí, RS. Presta consultoria a entidades culturais e ecológicas. Na indústria do livro inovou, criando o conceito do livro-*clipping*. É herdeiro universal da obra literária do filósofo e educador Huberto Rohden. Está escrevendo o livro *A Viagem Infinita — Novas Tecnologias para a Atualização do Potencial Humano.* (1928 -   ).

"

O otimista olha as sementes
e antevê a colheita.
O pessimista argumenta que
as sementes não vão nascer.
Você pode otimizar sua vida.

"

Pierre-Auguste Renoir
(1841-1919)

Ele criou algumas das telas mais encantadoras da arte impressionista. Treinado como pintor de porcelana, passou de artesão a artista aos 19 anos de idade. Durante sua longa carreira, e a despeito das várias mudanças de estilo, suas telas sempre evocaram um mundo despreocupado e sonhador, cheio de cores e luz de alegria popular.

No início, enfrentou críticas e zombarias, mas, aos 40 anos, já era famoso como pintor de retratos da sociedade. Foi, também, quando se casou. Teve uma vida familiar feliz e, apesar do sofrimento infligido pelo reumatismo que o aleijou na velhice, pintou até morrer, aos 78 anos.

"Por que a arte não pode ser bonita?", perguntou Renoir certa vez. " O mundo já tem muitas coisas desagradáveis." Aqui se resume sua atitude em relação à pintura e à vida, já que ele mesmo tinha uma incrível capacidade para a alegria, e sua arte expressava esse prazer de viver. Renoir só trabalhava quando estava feliz e escolhia temas que considerava atraentes: paisagens exuberantes, pessoas se divertindo, frutas, flores, crianças brincando, festas, bailes e mulheres bonitas.

Enquanto estudava no estúdio de Gleyre, Renoir aproximou-se de um grupo de colegas liderado pela personalidade dinâmica de Claude Monet. Juntos, pintaram as paisagens de Fontainebleau, trabalhando ao ar livre. Renoir, muito impressionado com Coubert, usava tons de marrom e preto em suas obras. Um dia, porém, o pintor Narcisse Diaz indagou do porquê dos tons tão escuros. Isso despertou Renoir, encorajando-o a utilizar tonalidades mais claras, cores do arco-íris, que ele havia aprendido a manejar quando pintava em porcelana.

No final da década de 1860, Monet e Renoir trabalhavam muito próximos. Por isso, muito de seus quadros dessa época retratam cenas idênticas.

Como pintavam ao ar livre, não podiam controlar a luz e, certamente por isso, imprimiam um ritmo mais veloz a seus trabalhos. Sua pintura tornou-se mais rápida, sem os detalhes de acabamento da pintura acadêmica. De confecção mais simples, era feita de manchas justapostas que, em seu conjunto e à distância, adquirem forma, volume, expressão e uma infinidade de matizes.

Em 1883, quando voltou de uma viagem à Itália, absorvendo suas impressões das viagens, modificou seu modo de pintar. Suas figuras ganharam contornos preciosos, como em *As Banhistas*, onde as figuras femininas, de formas opulentas, remetem sobretudo a Rafael.

Mas em 1890, esses traços nítidos e duros haviam se derretido novamente. Começou a usar cores mais quentes e a pintar seus filhos, a esposa Aline e uma grande variedade de nus, todos em cores vibrantes.

No final da vida, quando suas mãos se atrofiaram pelo reumatismo, Renoir não só continuou a pintar, como decidiu fazer pequenas esculturas de bronze, auxiliado por alguns ajudantes.

Principais datas

1841 - nasce em Limoges, em 25 de fevereiro.
1844 - muda-se para Paris.
1854 - aprendiz de pintura em porcelana.
1862 - freqüenta o curso de Charles Gleyre; conhece Bazille, Claude Monet e Sisley.
1870 - morre Bazille.
1874 - participa da 1ª exposição dos impressionistas.
1879 - expõe *A Sra. Charpentier e suas Filhas*; lançado como retratista oficial da sociedade.
1880 - conhece Aline Charigot, sua modelo.
1881 - Viaja pela Argélia, Espanha e Itália.
1882 - volta a Paris e casa-se com Aline.
1885 - nasce Pierre, seu primeiro filho.
1897 - sofre uma queda de bicicleta.
1903 - muda-se para Cagnes, na costa francesa.
1907 - constrói sua última casa, Les Collettes.
1915 - morte de Aline.
1919 - morre, em 3 de dezembro.

Última mensagem

Martin Claret

Este livro-clipping é uma experiência
educacional. Ele vai além da
mensagem explícita no texto.
É um livro "vivo" e transformador.
Foi construído para, poderosamente,
reprogramar seu cérebro com informações
corretas, positivas e geradoras de ação.
O grande segredo para usá-lo com eficácia é a
aplicação da mais antiga pedagogia ensinada
pelos mestres de sabedoria de todos os tempos:
A REPETIÇÃO.
Por isto ele foi feito em formato de bolso,
superportátil, para você poder carregá-lo
por toda parte, e lê-lo com freqüência.
Leia-o, releia-o e torne a relê-lo, sempre.
Invista mais em você mesmo.
Esta é uma responsabilidade e
um dever somente seus.
Genialize-se!